마흔에 읽는
그리스 로마 신화

지금 이 순간을 살기 위한 신화 수업

마흔에 읽는 그리스 로마 신화

1판 1쇄 2022년 11월 30일
1판 3쇄 2023년 11월 27일

지은이 장재형
펴낸이 유경민 노종한
유노북스 이현정 조혜진 권혜지 정현석 **유노라이프** 권순범 구혜진 **유노책주** 김세민 이지윤
기획마케팅 1팀 우현권 이상운 **2팀** 이선영 김승혜 최예은
디자인 남다희 홍진기 허정수
기획관리 차은영
펴낸곳 유노콘텐츠그룹 주식회사
법인등록번호 110111-8138128
주소 서울시 마포구 월드컵로20길 5, 4층
전화 02-323-7763 **팩스** 02-323-7764 **이메일** info@uknowbooks.com

ISBN 979-11-92300-38-2 (03210)

마흔에 읽는 그리스 로마 신화

지금 이 순간을
살기 위한 신화 수업

장재형 지음

유노북스

시작하며

공허한 마흔이 묻고, 신화가 답하다

마흔이 되었는데도 우리의 인생은 아직 꽃필 기색을 보이지 않는다. 인생에 발을 내딛은 지난 이삼십 대를 되돌아본다. 그 시절 우리는 뜨거운 열정으로 얼마나 심장이 뛰었던가? 한편으로는 미로 같은 인생에서 종종 출구를 찾지 못해 얼마나 많은 시간을 방황했던가? 언젠가는 절망에 빠져 삶을 포기하고 싶은 때도 있었다. 그렇게 인생의 절반쯤을 살아왔다.

마흔이 되면 돈도 많이 벌고 명예도 누리면서 행복하고 아늑한 삶을 살 것만 같았다. 그런데 오히려 '공허함'이라는 감정을 느끼고 있다. 공허란 모든 즐거움이 사라지고 마음이 텅 빈 상태를 말한다. 마흔에 느끼는 공허함은 모든 것이 헛되게 느껴지고 삶의 의지를 찾을 수 없는 권태 그 자체다. 인생이 주는 다양한 즐거움을 느끼지 못하기 때문이다. 어째서 우리는 매일 똑같이 반복되는 삶으로 인생을 낭비하며 허둥지둥 살아야 하는 걸까? 우리를 건강하게 하고 삶에 재미와 만족감을 불어넣어 주는 묘약은 없는 것일까?

나는 그 해결책을 그리스 로마 신화에서 찾았다. 그리스 로마 신화에는 삶과 죽음, 사랑과 이별, 방황과 고독, 행복과 슬픔에 관한 모든 이야기가 펼쳐진다. 영원히 반복해서 돌을 밀어 올려야 하는 시시포스, 항아리를 열어 재앙을 불러온 판도라, 만지는 모든 것이 황금으로 변한 미다스 왕, 허무하게 죽음을 맞이한 아도니스와 히아킨토스 등 신과 영웅들의 이야기에서 우리는 마흔의 공허함을 채울 세 가지 질문의 답을 얻을 수 있다.

나는 누구인가?

인간은 이 질문을 던질 수 있는 유일한 존재다. 내가 어떤 존재인지에 대한 물음은 소명과 연결된다. 소명은 추구해야 할 목표나 목적 또는 사회적으로 의미 있는 일을 발견하는 것을 뜻한다. 다시 말해 내가 누구인지는 '어떤 삶을 살 것인가'의 대답으로 결정된다. 내가 지금까지 살아온 삶과 미래에 이루고 싶은 삶이 합쳐져 나의 소명이 되는 것이다.

마흔에 이르기 전까지 우리는 타인의 기대에 부응하며 타율적인 삶을 살았다. 왜 그토록 우리는 필사적으로 서두르며 살아왔을까? 청춘에게는 무한한 잠재력과 가능성이 있는데도 말이다. 마흔의 우리는 이제 삶의 주체가 되어 살아가야 한다. 그러기 위해서는 내가 어떤 존재인지를 스스로 물어보아야 한다.

그리스 로마 신화에는 자신의 소명을 따라 살아가는 인물들이 등장한다. 오르페우스와 에우리디케의 사랑 이야기는 사랑하는 사람과 함께하는 것이 우리 인생에서 얼마나 중요한지를 깨닫게 해 주고, 미궁을 빠져나오는 영웅 테세우스의 이야기는 우리가 인생이라는 미로에서 어떻게 길을 찾아가야 하는지를 알려 준다.

우리는 모두 삶이라는 작품을 완성해야 하는 예술가다. 작품의 재료는 우리의 살과 피와 뼈, 그리고 영혼이다. 자신의 삶을 찾아 떠난 그리스 로마 신화 속의 인물들을 따라가며 내가 누구인지에 대한 해답을 찾아보자.

어떻게 살아야 하는가?

앞으로 어떻게 살아가야 하는지를 알기 위해서는 지금까지 어떤 삶을 살아왔는지를 생각해 보아야 한다. 마흔에 되돌아본 우리의 삶은 고통 그 자체다. 모든 인간은 행복을 추구하고 고통을 멀리하고 싶어 하지만 행복만을 기다리며 막연히 삶이 주는 고통을 마주해야만 했다.

독일의 철학자 프리드리히 니체는 《도덕의 계보》에서 인류에게 내려진 저주는 고통 그 자체가 아니라 고통에 의미가 없는 것이라고 말했다. 무엇 때문에 고통받는지 알 수 없기에 삶이 공허할 수밖에 없다. 이제부터 우리는 고통이 주는 이유와 의미를 분명히 알고 계속해서 지금보다 더 나은 사람으로 성장해야 한다. 그럴 때 오히려 더 큰 고통도 감내할 수 있다.

그리스 로마 신화의 주인공들은 고통을 어떻게 받아들였을까? 음악적 재능이 뛰어났던 아폴론과 그의 아들 오르페우스, 자신의 달란트를 적극적으로 활용한 대장장이 신 헤파이스토스, 간절한 마음이 무엇인지 보여 준 피그말리온, 날개가 망가져도 꿈꾸기를 포기하지 않은 이카로스, 시련이라는 거대한 운명에 굴복하지 않은 오디세우스 같은 인물들을 통해 우리는 고통과 고뇌를 어떻게 열망과 희열로 바꿀 수 있는지를 알 수 있다.

인생의 진정한 의미는 바로 희열에 있다. 고통스러운 삶이 주는 상처를 치유할 때 우리는 비로소 성장하기 때문이다. 슬픔에는 기쁨으로는 할 수 없는 연금술이 있다. 미국이 낳은 세계적인 비교신화학자 조지프 캠벨은 "블리스를 따라가자. 그러면 당신을 위해 보이지 않는 길을 인도하는 '(전령의 신)헤르메스'를 만나게 될 것이다. 당신의 길, 당신의 신화가 만들어질 것이다"라고 말했다.

더 나은 사람이 되기 위해 우리는 스스로 행복을 만드는 대장장이 신 헤파이스토스가 되어야 한다. 마흔에 이르기까지 우리가 제대로 성장하지 못한 까닭은 자신의 환경만을 탓했기 때문이다. 사실 우리가 탓할 것은 오로지 자기 자신뿐이다.

어떻게 죽을 것인가?

죽음을 진지하게 생각하면 삶에는 정말로 중요한 것들만 남는다. 자신의 죽음을 미리 생각하는 사람은 살아 있음이 얼마나 소중한지 깨달을 수 있다. 살아 숨 쉬는 누구나 죽는다. 미와 사랑의 여신 아프로디테에게 사랑받았지만 허무하게 죽은 아도니스, 저주 때문에 불행하고 고독하게 살다가 죽은 메두사, 자신의 분수를 모르고 만용을 부리다가 지상으로 추락한 파에톤같이 허무하게 생을 마감하는 그리스 로마 신화 속 인물들은 우리도 결국 언젠가 죽을 존재이니 살아 숨 쉬는 지금 이 순간에 충실하라고 조언한다.

'어떻게 죽을 것인가'의 답은 '어떻게 살 것인가'의 답으로 귀결된다. 우리는 행복이 저 멀리에 있다고 생각한다. 하지만 이 모든 시간과 장소와 기회는 지금 여기 이 순간에 있다. 마흔 이후 만나는 변화는 모두 하나의 기적이며, 그 기적은 매 순간 일어나고 있다. 살아 숨 쉬는 오늘 하루의 기적을 느껴 보자.

길을 잃고 나서야 인생을 알아 간다

길을 잃을 때 진짜 삶이라는 모험이 시작된다. 우리는 길을 잃고 방황할 때 비로소 자신이 누구인지, 어떻게 살아가야 하는지를 알아가기 시작한다. 우리는 행운의 여신 티케와 기회의 신 카이로스의 이야기를 통해 자신의 모든 것을 위한 기회를 스스로 만들어 가야 한다는 사실을 배운다. 위대하고 고귀한 사람은 기회를 기다리는 법이 없다.

안전함을 추구할 것인가, 아니면 완전함을 추구할 것인가? 세상에서 가장 매력적인 직업이 있다면 여행자가 아닐까? 우리는 인생의 여행자다. 인생에는 다양한 길이 있고, 여행은 항상 우리에게 어디에서 어디로 향해 갈 것인지 묻는다. 우리는 지난 수십 년간 거의 매일 같은 길을 걸어왔다. 마흔 이전에도, 마흔 이후에도 새로운 길을 걷기에는 변화가 두렵다. 같은 일을 반복하기는 쉽지만, 새로운 일을 시작하기는 어렵기 때문이다. 아직 가 보지 못한 길이 너무나 많다. 인생의 중반기에 새로운 경치를 구경하러 멀리 떠나지 않고 가깝고 익숙한 곳만 산책한다면 어떻게 될까?

인생이라는 과업은 단기간에 배우거나 쉽게 찾을 수 있는 게 아니다. 편안한 삶을 뒤로하고 고통스러운 삶을 정면으로 응시한 오디세우스, 실패를 무릅쓰고 강한 도전 정신을 보여 준 페르세우스, 황금 양털을 찾아 새로운 세계로 떠난 이아손처럼 당신의 내면으로 여행을 떠나라. 아직 발견하지 못한 무한한 잠재력을 당신의 마음속에서 만나게 될 것이다. 그래서 조지프 캠벨은 신화에서 저세상이 가리키는 것은 우리의 내면세계이고, 미래라고 말하는 것은 바로 지금이라고 말한다.

이 책은 단순히 그리스 로마 신화 이야기를 알기 쉽게 정리하는 데 그치지 않고 신화와 마흔의 삶을 어떻게 접목할 수 있을지 고민한 결과물이다. 절망, 고독, 방황, 실패, 좌절과 마주할 때 이를 어떻게 극복했고 그 가운데 어떻게 성장했는지, 반면교사는 무엇인지를 신화의 주인공들이 말해 줄 것이다. 그리하여 우리가 진정으로 원하는 삶을 살 수 있는 방법을 찾을 수 있을 것이다. 각각의 신화가 무엇을 상징하는지를 올바르게 이해한다면, 신화는 우리가 나아가야 할 방향을 설정할 수 있는 삶의 길잡이가 된다.

혹시 마흔에 이르러 절망에 빠져 있다면 다시 희망을 만드는 사람이 되자. 절망이 주는 고통스러운 순간도 마흔 이후의 삶에 큰 의미로 다가오기 때문이다. 삶이 주는 극심한 고통을 잘 견뎌 내면 언젠가는 생각지도 못했던 무언가를 얻을 수 있다. 우리는 고통의 굴레에서 벗어날 때까지 기다려야 한다. 고통스러운 삶의 어떤 부분이 지금 생각했던 것보다 더 밝게 빛나는 것을 보면서 스스로 버텨 낸 것에 대해 진정한 의미를 깨닫는 날이 올 것이다.

누구에게나 마흔이라는 시간은 다가오고 그 시간은 지나간다. 이 책이 마흔이라는 힘든 삶의 계단에 앉아 고민하는 이들에게 용기를 줄 수 있으면 좋겠다. 그리고 나는 누구인지, 어떻게 살아야 하는지, 어떻게 죽음을 맞이할 것인지에 대한 해답을 찾을 수 있기를 기대한다.

도움말

인간의 거울, 신화의 길잡이

"맨 처음에 생긴 것은 카오스고, 그다음이 눈 덮인 올림포스의 봉우리들에 사시는 모든 불사신들의 영원토록 안전한 거처인 넓은 가슴의 가이아와 [길이 넓은 가이아의 멀고 깊은 곳에 있는 타르타라와] 불사신들 가운데 가장 잘생긴 에로스였으니,"

헤시오도스, 《신들의 계보》

그리스 로마 신화에 등장하는 신과 영웅은 인간의 삶을 비추는 거울이다. 신화라는 거울에 우리의 삶을 비추어 보기에 앞서 그리스 로마 신화의 시작에 대하여 알아보고 우리를 신화로 이끌어 줄 길잡이, 올림포스 12신을 정리해 보자. 그리스 로마 신화에는 《성경》 〈구약〉에 나오는 천지 창조와 관련된 이야기가 있다. 가장 잘 알려진 이야기는 기원전 700년경 그리스의 시인 헤시오도스가 《신들의 계보》에서 다룬 내용이다. 헤시오도스는 천지 창조의 주인공으로 카오스(혼돈), 가이아(대지), 에로스(사랑)를 등장시켰다. 그는 만물이 카오스의 출현으로 시작되었다고 여겼다.

코스모스Cosmos는 '질서 있는 시스템으로서의 우주'를 뜻한다. 그리스인들은 질서가 세워지기 전의 세계를 카오스라고 생각했다. 카오스Chaos는 '입을 크게 벌리다'라는 어원에서 파생된 말로 '틈, 공허'를 의미한다. 후에 카오스는 오비디우스의 《변신이야기》에서 무질서를 뜻하는 혼돈으로 의미가 변한다.

다음으로 대지의 여신 가이아Gaia가 탄생했고, 신들 중 가장 아름다운 사랑의 신 에로스Eros가 태어났다. 가이아는 혼자서 하늘의 신 우라노스Uranus를 낳았는데 가이아와 우라노스 사이에서 티탄 신족과 키클로페스Cyclopes, 헤카톤케이르Hekatoncheir가 태어났다.

거인족인 티탄 신족은 총 12신이다. 오케아노스Oceanos부터 코이오스Coeus, 히페리온Hyperion, 크리오스Crius, 이아페토스Iapetos, 막내 크로노스Cronos까지 6명의 남신과 테티스Thetis부터 포이베Phoebe, 테이아Theia, 레아Rhea, 테미스Themis, 므네모시네Mnemosyne까지 6명의 여신으로 이루어져 있다.

티탄 신족 다음으로 태어난 키클로페스와 헤카톤케이르는 각각 삼 형제로 태어났다. 키클로페스 삼 형제는 이마 한복판에 눈이 하나밖에 없는 외눈박이 거인이고 헤카톤케이르 삼 형제는 어깨에 백 개의 팔과 쉰 개의 머리가 달린 거인이다.

우라노스는 싸움과 행패를 일삼는 키클로페스와 헤카톤케이르를 미워하여 가이아의 몸속 깊은 곳인 타르타로스에 가두었다. 이 사실이 괴로웠던 가이아는 티탄 신족의 막내아들인 크로노스에게 아버지 우라노스의 생식기를 낫으로 자르라고 시켰다. 그리하여 우라노스의 생식기는 바다에 떨어졌고 그곳에서 하얀 거품이 솟아났는데 이때 사랑과 미의 여신 아프로디테가 탄생했다.

"불사不死의 살점에서 흰 거품이 일더니 그 안에서 한 소녀가 자라났다. 그녀는 처음에 신성한 퀴테라로 다가갔다가 그 뒤 그곳으로부터 바닷물로 둘러싸인 퀴프로스로 갔다. 그리하여 존경스럽고 아리따운 한 여신이 밖으로 걸어 나오니, 그녀의 날씬한 발밑에서는 사방으로 풀이 자라기 시작했다. 그녀를 신들과 인간들이 아프로디테[거품에서 생겨난 여신이자 고운 화관의 퀴테레이아]라고 부르는 것은 그녀가 거품에서 자랐기 때문이고,"

헤시오도스, 《신들의 계보》

스페인의 위대한 화가 프란시스코 고야의 〈아들을 잡아먹는 사투르누스〉에는 괴물이 아이를 잡아먹는 장면이 담겨 있다. 그림에 등장하는 괴물 사투르누스Saturnus는 크로노스의 로마식 이름이며 영어로는 새턴Saturn이다.

크로노스는 전술한 것처럼 아버지 우라노스의 생식기를 낫으로 잘라 그를 몰아낸 후에 최고신의 자리에 올랐다. 왕좌에 오른 크로노스는 자신의 누이 레아와 결혼했다. 그리고 헤스티아, 데메테르, 헤라, 하데스, 포세이돈 오 남매를 낳았다.

그런데 크로노스는 우라노스에게 자신 또한 자식에게 왕위를 빼앗길 거라고 저주를 받았다. 왕좌를 빼앗기기 싫었던 크로노스는 자식이 태어나는 족족 삼켰다. 아내 레아는 자식들이 차례로 먹히는 모습을 보고 깊은 슬픔에 잠겼다. 그러다 더는 두고만 볼 수 없어 한 가지 꾀를 생각했다.

레아는 제우스가 태어나던 날에 아기 대신 돌을 강보로 싸서 크로노스에게 전달했다. 크로노스는 의심 없이 강보를 집이삼켰다. 그렇게 살아남아 성인이 된 제우스는 지혜의 신 메티스Metis에게 구토제를 받아서 크로노스에게 먹였다. 구토제를 받아먹은 크로노스는 자신이 삼킨 아이들을 모두 토해 냈다.

형제자매를 되찾은 제우스는 아버지 크로노스와 전쟁을 벌였다. 제우스를 중심으로 한 올림포스 신들은 티탄 신족과 10년을 넘게 싸웠다. 하지만 전쟁이 끝날 기미가 보이지 않았다. 가이아가 묘책을 내놓았다. 가이아는 제우스에게 지하 깊은 곳에 갇혀 있는 키클로페스와 헤카톤케이르를 꺼내 주고 같은 편이 되어 싸우라고 조언했다. 결국 그들의 도움으로 올림포스 신들은 티탄 신족과의 전쟁에서 승리할 수 있었다. 이때부터 올림포스 신들의 시대가 시작되었다.

그리스 로마 신화에는 수많은 신과 영웅이 등장한다. 그래서 읽을 때 다소 어려울 수 있지만 올림포스 12신만 정확히 알아도 그리스 로마 신화에 쉽게 접근할 수 있다.

신들의 거처 올림포스산에 사는 12신은 제우스Zeus, 헤라Hera, 포세이돈Poseidon, 아테나Athena, 아폴론Apollon, 헤르메스Hermes, 아레스Ares, 헤파이스토스Hephaestus, 아르테미스Artemis, 아프로디테Aphrodite, 데메테르Demeter, 헤스티아Hestia(또는 디오니소스Dionysos)다. 올림포스 12신에 헤스티아 대신 디오니소스를 포함시키는 경우도 있다. 올림포스 12신은 크게 두 세대로 나눌 수 있다. 여기에서는 그리스 신명을 쓰고 로마 신명을 병기했다.

1세대: 크로노스와 레아(Rhea)의 자녀들

• 제우스(유피테르): 올림포스 최고의 신으로 하늘과 기후를 다스

린다. 무기는 천둥과 번개고 총애하는 동물은 독수리다.

• 헤라(유노): 제우스의 부인으로 결혼 생활의 수호신이다. 하지만 바람기 많은 남편 제우스로 인해 질투심에 불타는 복수의 화신으로 자주 표현된다. 공작새는 헤라를 상징하는 동물이다.

• 포세이돈(넵투누스): 바다의 신이다. 삼지창으로 바다에 파도를 일으키거나 대지에 지진을 일으킨다. 포세이돈을 상징하는 동물은 말이다. 이런 이유로 포세이돈은 말의 신이기도 하다.

• 데메테르(케레스): 제우스의 누이로 대지의 여신이자 곡물의 여신이다. 주로 손에 곡식을 든 성숙한 모습으로 나타난다.

• 헤스티아(베스타): 제우스의 누이로 불과 화로의 여신이다.

2세대: 제우스의 자녀들

• 아테나(미네르바): 제우스의 머리에서 태어난 딸로 지혜의 여신이다. 또 전쟁의 여신으로서 전쟁, 기술, 직물, 요리, 도기 등을 관장한다. 대개 투구와 갑옷을 입고 창과 방패를 든 전사의 모습으로 나타난다. 상징하는 새와 나무로 올빼미와 올리브가 있다.

• 아레스(마르스): 전쟁과 파괴를 주관하는 남신이다. 피와 살상을 즐기고 난폭하고 야만적인 전쟁을 좋아한다. 갑옷과 투구를 쓰고 칼이나 창과 방패를 든 모습으로 자주 표현된다.

• 아폴론(아폴로): 태양의 신이며 음악, 시, 예언, 의술, 궁술도 함

께 다스린다. 대개 머리에 월계관을 쓰고 손에는 리라를 든 아름다운 용모의 젊은이로 묘사된다. '밝게 빛나는 자'라는 뜻의 '포이보스Phoibos'라는 별칭이 있다.

• 아르테미스(디아나): 사냥과 궁술의 여신이자 달의 여신이다. 아폴론과 남매다.

• 아프로디테(베누스): 사랑과 미의 여신이다. 여성의 성적 아름다움과 사랑의 욕망을 관장하는 여신이다. 제우스의 딸이라는 말도 있고 우라노스의 잘린 성기에서 흐른 정액과 바닷물이 만든 거품에서 태어났다는 설도 있다.

• 헤르메스(메르쿠리우스): 제우스의 아들이자 전령의 신이다. 여행, 상업, 도둑의 신이기도 하다. 날개 달린 모자와 신발로 하늘을 날아다닌다. 그의 지팡이에는 뱀 두 마리와 독수리의 날개가 달려 있는데 사람들을 잠재우는 힘을 지니고 있다.

• 헤파이스토스(불카누스): 제우스와 헤라 사이에서 태어난 아들이다. 대장간과 불의 신이며 절름발이다. 그의 아내는 사랑과 미의 여신 아프로디테다.

• 디오니소스(바쿠스): 제우스와 인간 세멜레Semele 사이에서 태어난 아들이다. 포도나무와 포도주의 신이자 풍요의 신이며 황홀경의 신이기도 하다.

· 올림포스 12신 계보도 ·

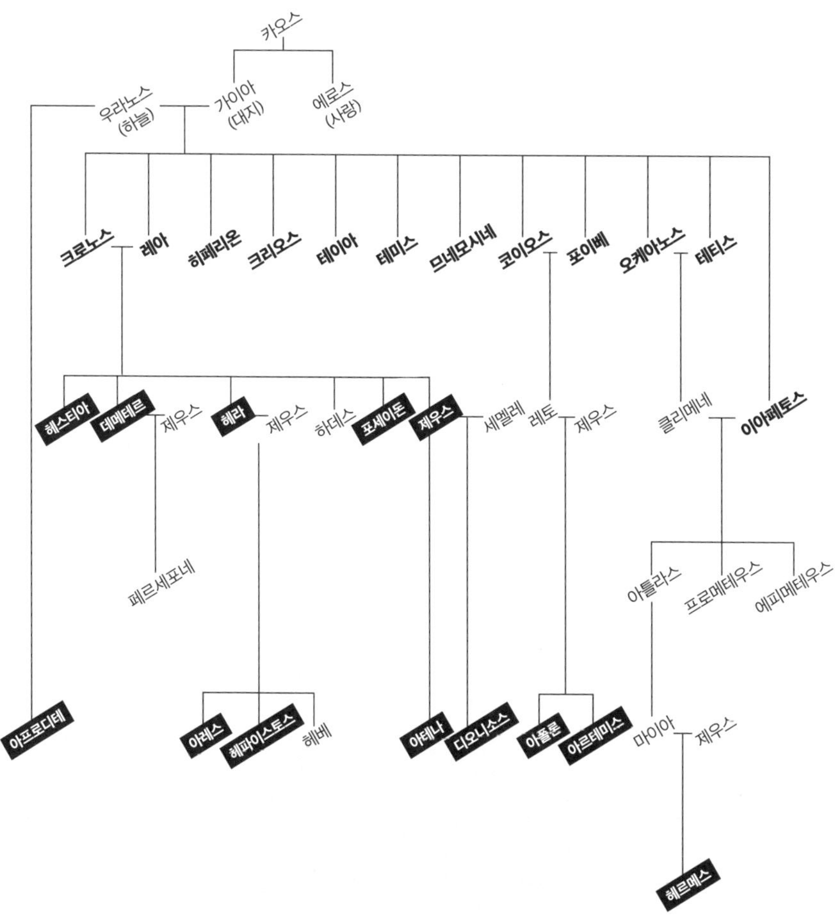

티탄 신족 12신

올림포스 12신 올림포스 12신에 헤스티아 대신 디오니소스를 포함시키는 경우도 있음.

○ 차례

2장 어떻게 인생을 바라볼 것인가 양면의 신화

3장 어떤 사람이 되어야 하는가 관계의 신화

4장 나를 어디로 이끌어야 하는가 성장의 신화

5장 어떻게 이 삶을 모험할 것인가 용기의 신화

1장

마흔,
무엇으로 방황을
멈출 것인가

신화라는 해독제

01

무의식 속 욕망을 보라

· 비너스의 탄생 ·

마흔이 되면서 삶이 크게 흔들리기 시작했다. 공자는 마흔을 두고 불혹, 즉 미혹되지 않는 나이라고 말했지만 마흔이 되자 그 전에는 느끼지 못한 불안감이 증폭되어 존재감마저 크게 흔들리기 시작했다. 인생을 절반쯤 살아왔는데 이룬 것이 없다는 생각에 더욱 조바심이 생겼다. 일상에서 편안함과 안정감을 느끼기도 했지만 남은 인생을 이대로 살아도 될지 차츰 걱정되었다.

마흔에 마주하는 부정적인 감정이 있다면 바로 권태와 두려움이다. 과거의 꿈을 이루지 못해 남아 있던 좌절의 노예가 되거나,

과거에 설령 꿈을 이루었다고 해도 이제는 새로운 꿈을 꿀 여력이 없어 권태에 빠지고는 한다. 미래에 대한 막연한 두려움과 불안감 때문에 현실을 회피하기도 한다. 권태와 두려움이라는 이 못된 쌍둥이는 마흔에 도달한 우리에게 공허감과 무기력을 불어넣는 주범이다.

그리스 로마 신화를 다시 읽어야 하는 이유

나는 철학과 미술을 전공하지는 않았지만 어릴 적부터 이 둘에 관심이 많았다. 특히 명화에 관심이 많았는데, 그렇다고 그 분야에 특별한 안목이나 지식이 있는 것은 아니었다. 서양 미술사를 공부해야겠다고 평소 생각하기는 했지만 먹고살기 바쁘다는 핑계로 항상 미루었다. 가끔 미술관에 가서 전시를 관람하는 정도가 다였다. 미술에 배경지식이 전혀 없던 시절에 본 명화는 그저 그림일 뿐이었다.

마흔이 넘어서야 본격적으로 서양 철학과 명화를 공부하기로 결심했다. 마흔의 공허함과 불안함을 극복할 수 있는 비밀이 거기에 담겨 있을지 모른다고 생각했기 때문이다. 또한 언젠가 떠날지도 모를 유럽 여행을 대비해 명화를 비롯한 많은 예술 작품을 미리 보며 배경지식을 쌓고 싶었다. 그래서 버트런드 러셀의 《서양철학사》와 에른스트 H. 곰브리치의 《서양미술사》를 시간이 날 때마다 읽었다.

그러던 어느 날 르네상스 시대를 대표하는 화가 산드로 보티첼리의 〈비너스의 탄생〉을 보고 있는데 깜짝 놀랄 일이 생겼다. 명화가 나에게 말을 걸었다.

"내가 그린 〈비너스의 탄생〉에는 네 명의 등장인물이 그려져 있습니다. 하얀 물거품이 이는 그림 중앙에 조개껍데기를 타고 서 있는 인물이 바로 사랑과 미의 여신 아프로디테입니다. 로마 신화에서는 베누스라고 합니다. 비너스라고도 많이 들어 보셨죠? 바로 그녀의 영어 이름이랍니다. 왼쪽에서는 바람의 신 제피로스와 봄의 님프인 클로리스가 바람을 일으켜 비너스를 해변으로 보내려 합니다. 오른쪽에 있는 인물은 계절의 여신 호라이 중 하나인데요. 옷에 장식된 꽃을 보면 그녀가 봄의 여신 호라임을 짐작할 수 있습니다. 그녀는 비너스를 맞이하기 위해 옷을 펼쳐 들고 있습니다. 사랑의 여신을 위해 준비한 옷이 봄꽃들로 장식되어 있는 이유는 봄이 사랑의 계절이기 때문 아닐까요?"

깜짝 놀랐다. 르네상스 시대 사람인 보티첼리가 시간과 공간을 초월하여 자신의 그림을 소개해 주었다. 그때부터 나는 미술 작품을 감상할 때 그 작품의 화가와 대화하려고 노력한다. 미술가들은

보이는 것과 아는 것 사이에 징검다리를 놓아라.

아프로디테가 거품에서 태어나 조개를 타고 키프로스에 도착하는 장면을 보여 주는 이 작품은 아프로디테의 탄생에 관한 두 가지 설 중 헤시오도스의 입장을 따른 것이다. 우라노스의 생식기가 바다에 떨어져 그곳에서 하얀 거품이 솟아났는데, 이때 사랑과 미의 여신 아프로디테가 탄생한다.

〈비너스의 탄생(The Birth of Venus)〉, 산드로 보티첼리, 1485년경.

작품을 통해 사람들에게 자신의 생각을 전달하기 때문이다. 재미와 감동은 덤이다.

이렇게 작품에는 화가가 숨겨 놓은 장치들이 있다. 그러나 명화에 숨겨진 여러 장치를 이해하는 사람이 몇이나 될까? 화가는 왜 우리에게 보물찾기를 시키는 것일까? 명화에 담긴 비밀을 제대로 이해하여 작품을 감상하는 일은 쉽지 않다. 작품의 디테일을 보려면 작품과 관련한 기본적인 배경지식을 공부해야 한다. 여기에서 인문학을 공부해야 하는 이유를 느낄 수 있다.

인문학을 향한 사람들의 관심과 사랑은 예전부터 적지 않았다. 주변을 살펴보면 영화나 게임에서부터 상품 개발, 광고나 홍보 전략에 이르기까지 인문학을 활용하는 사례가 많다. 인문학 열풍이 식지 않는 이유는 무엇일까? 그것은 바로 인문학에는 잔잔한 스토리가 있기 때문이다.

나는 인문학 중에서도 그리스 로마 신화를 꼭 읽어야 하는 이유에 대하여 사람들에게 이렇게 설명한다.

첫째, 그리스 로마 신화를 선행 학습하지 않고서는 서양의 문화를 제대로 이해할 수 없다.

둘째, 그리스 로마 신화는 가장 훌륭한 자기계발서다.

셋째, 그리스 로마 신화는 재미와 감동을 선사한다.

넷째, 그리스 로마 신화에는 인간의 삶이 녹아 있다.

중학생 때 그리스 로마 신화를 처음 읽었다. 토마스 불핀치가 쓴 책이었다. 이후로는 그리스 로마 신화와 관련된 이야기를 따로 접할 기회가 없었다. 마흔이 되어서 서양 철학과 명화 감상법 같은 인문학을 공부하지 않았다면 그리스 로마 신화를 다시 읽는 일 또한 없었을 것이다.

그리스 로마 신화는 고전 문학 작품과 명화를 비롯하여 할리우드에서 눈부신 활약을 펼치는 슈퍼히어로 판타지 영화에 이르기까지 스토리에 모티브와 소재를 제공하는 원천이다. 신화를 토대로 만들어진 영화나 드라마는 알찬 스토리로 사람들에게 재미를 주는 동시에 감동의 눈물을 자아낸다.

욕망을 삶의 전환점으로 만드는 방법

예전에 그리스 로마 신화를 읽고 있다니까 "설마 그리스 로마 신화에 나오는 신을 지금까지 믿습니까?"라는 질문을 받은 적이 있다. 그리스 로마 신화는 단지 신들만의 이야기가 아니다. 신화에 등장하는 신은 믿음의 대상이라기보다 인간의 무의식을 보여주는 거울이라고 생각한다.

미국의 신화 종교학자인 조지프 캠벨은 《블리스, 내 인생의 신화를 찾아서》에서 이렇게 말했다.

"신화 속 원형과 상징을 올바로 이해한다면 어느 시대에나 우리 삶의 본보기로 삼을 수 있다."

신화 속 인물들의 이야기를 거울삼아 우리 무의식에 내재하는 욕망을 볼 수 있다. 예를 들면 희망과 절망, 사랑과 증오, 기다림과 배신, 탐욕과 어리석음, 야망과 좌절, 열망과 불안 같은 감정들 말이다. 예나 지금이나 인간의 인생사는 다 똑같다. 이 자체만으로 위로가 되지 않는가?

신화 속 영웅들도 우리처럼 숱하게 도전하고 시련을 겪으며 인생이라는 미로를 헤맨다. 이런 이야기를 영웅 신화라고 부른다. 영웅이 삶의 문턱을 넘는 여정은 대개 비슷하다. 어느 날 갑자기 과업을 수행하기 위해 모험을 떠난다. 시련과 고통을 수없이 당하다가 누군가의 도움을 받아 영웅이 된다. 모든 시련을 극복하고 다시 일어선 영웅은 이렇게 외친다.

"의미 있는 성장은 항상 흔들림이 있을 때 찾아온다. 성공과 실패 그 자체는 그리 중요하지 않다. 시련을 극복할 수 있고 전보다 더 강해질 수 있다고 믿는 것이 더 중요하다."

살다 보면 우리는 삶의 방향이 전환되는 터닝 포인트를 맞이한다. 크고 작은 여러 전환점을 지나면서 성장하는 기회를 얻는데, 이때 그리스 로마 신화는 우리에게 삶의 길잡이가 되어 준다.

삶에 뜻하지 않은 변화가 찾아올 때가 있다. 불안감과 막막함으로 멈추어 설 수밖에 없을 때는 차분히 어떻게 해야 할 것인지를 생각해 보아야 한다. 이때 신화 속 주인공과 이야기하다 보면 그들과의 대화에서 해답을 찾을 수 있을지도 모른다.

우리는 태어나 죽는 날까지 꿈과 목표, 사람과의 관계, 인생의 행복, 삶의 방향 등에 관해 수많은 질문을 안고 살아간다. 인생의 정답을 찾지 못해 방황하는 마흔에게 신화가 정답을 귀띔해 줄지도 모른다. 그리스 로마 신화를 읽어 보자. 나 자신이 온전하게 살아 있음을 생생히 느낄 수 있을 것이다.

02

새로운 삶을 선택하고 책임져라

· 시시포스와 자유 ·

내가 마흔인 사람들을 만나며 안타깝게 느낀 점은 바로 성장이 멈추어 버렸다는 점이다. 그들은 매일 회사와 집을 전전하느라 매너리즘에 빠져 행복한 삶을 원하면서도 정작 다른 선택을 하지 못했다. 마흔에 도달한 우리는 단지 생존을 위해 세상과 타협해야 하는 나약한 존재가 되었다. 이제 우리는 갈림길에 서 있다. 통제하기 어려운 상황에서 포기하고 퇴보할 것인가, 아니면 성장하여 나아갈 것인가.

그리스 로마 신화에도 우리와 마찬가지로 권태롭고 무기력한 삶을 무한히 반복해야만 했던 불행한 주인공이 있다. 제우스를 속인 죗값으로 바윗덩어리를 산꼭대기로 끊임없이 밀어 올리는 형벌을 받아야 했던 코린토스의 왕 시시포스다. 시시포스가 바위를 힘겹게 정상까지 밀어 올리면 바위는 무게 때문에 다시 아래로 굴러떨어졌다. 그렇게 영원히 똑같은 일을 무한히 반복해야만 했다. 시시포스의 형벌은 끝이 보이지 않는 고통의 연속이었다. 시시포스는 왜 그토록 가혹한 형벌을 받았을까?

생과 사의 순리를 거스른 대가

어느 날이었다. 시시포스는 제우스가 강의 신 아소포스의 딸 아이기나를 납치하는 모습을 목격했다. 딸이 납치당한 줄 모르는 아소포스는 딸을 애타게 찾았지만 아무 소용이 없었다. 시시포스는 코린토스에 샘물이 솟아나게 해 달라는 조건으로 아소포스에게 아이기나의 행방을 알려 주었다.

시시포스의 고자질에 분노한 제우스는 죽음의 신 타나토스에게 그를 하데스가 있는 저승으로 보내라고 명령했다. 그런데 시시포스는 속임수를 부려 오히려 타나토스를 저승에 가두어 버렸다. 타나토스가 사라지자 지상에서 아무도 죽지 않게 되었다. 시시포스는 인간이 죽지 않도록 죽음의 신을 쇠사슬로 묶어 가둘 만큼 신에게 대적할 수 있는 영웅이었다. 신들은 어쩔 수 없이 전쟁의 신 아레스를 보내서 타나토스를 구했다.

타나토스는 다시 시시포스를 저승으로 데려가기 위해 나타났다. 시시포스는 타나토스를 순순히 따라나섰지만 저승으로 떠나기 전에 아내에게 절대로 자신의 장례를 치르지 말라고 당부했다. 당시 사람들은 장례식을 치르지 않으면 저승으로 갈 수 없다고 믿었다.

죽은 자들의 신이자 저승의 지배자인 하데스는 지상에서 시시포스의 장례가 치러지지 않자 그 이유를 물었다. 시시포스는 기회를 놓치지 않고 하데스에게 지상에 있는 아내에게 장례를 부탁하고 다시 저승으로 돌아오겠다고 거짓말을 했다. 그 말을 곧이곧대로 믿은 하데스는 장례를 치르고 빨리 돌아오라며 시시포스를 순순히 지상으로 보내 주었다. 하데스조차 시시포스의 속임수에 넘어가 버렸다.

그렇게 시시포스는 지하 세계로 돌아가지 않고 지상에서 오래오래 장수를 누리며 살았다. 그러다 결국 죽음을 거부한 죄로 제우스에게 지하 세계에서부터 커다란 바위를 밀어 올려 가장 높은 산의 정상에 올려놓아야 하는 영원한 형벌을 받았다.

〈시시포스(Sisyphus)〉, 티치아노 베첼리오, 1549년경.

타인의 의지에 따라 같은 일을 반복할 것인가, 자신의 의지에 따라 삶을 통제하며 살 것인가.

시시포스는 저승의 신 하데스를 속이고 오래 살았다는 벌로 무거운 바위를 산 정상으로 밀어 올리는 영원한 형벌을 받았다.

자유를 쟁취하고 축복받는 법

프랑스의 실존주의 철학자이자 작가 알베르 카뮈는 시시포스가 처한 상황을 이렇게 묘사했다.

"하늘 없는 공간과 깊이 없는 시간으로나 측량할 수 있을 이 기나긴 노력 끝에 목표는 달성된다. 그때 시시포스는 돌이 순식간에 저 아래 세계로 굴러떨어지는 것을 바라본다. 그 아래로부터 정상을 향해 이제 다시 돌을 밀어 올려야 하는 것이다. 그는 또다시 들판으로 내려간다."

알베르 카뮈, 《시지프 신화》

카뮈는 시시포스의 인생이 부조리한 삶을 이어 가는 인간의 모습을 보여 준다고 말했다. 이처럼 매일매일 다람쥐 쳇바퀴 돌듯 반복되는 삶을 사는 우리는 어쩌면 오늘날의 시시포스가 아닐까? 대부분의 직장인은 아침에 정신없이 출근하고 회사에 도착하면 일을 처리하느라 바쁜 하루를 보낸다. 삶의 의미를 진지하게 생각할 여유가 없다. 어떻게 하면 반복되는 일상에서 삶의 의미를 발견할 수 있을까? 시시포스처럼 부조리한 삶에 처한 마흔에게 필요한 것은 자유로운 삶이다.

내면의 자유 의지로 복된 삶을 획득하라

'자유'란 무엇일까? 자유는 '외부적인 구속이나 무엇에 얽매이지 아니하고 자기 마음대로 할 수 있는 상태'를 말한다. 이런 자유에는 두 가지 종류가 있다. 하나는 철학이나 신학에서 말하는 자유 의지와 의지의 자유로서 인간 본성과 관련된 '내면의 자유'다. 또 하나는 우리가 흔히 말하는 국민에게 주어지는 '사회적 자유'다.

모든 인간에게는 자유 의지가 있다. 그렇기 때문에 모두가 자유 의지에 의한 행복한 삶을 꿈꾼다. 그런데 왜 모든 사람이 행복하지 않을까? 신은 정말로 존재할까? 신은 왜 불행한 세상을 그냥 내버려 둘까? 신이 우리에게 준 자유 의지는 정말 선물일까?

아우구스티누스는 《자유의지론》에서 이렇게 말했다.

"비참하게 살기를 바라는 사람은 아무도 없는데 도대체 어떻게 해서 인간이 의지에 의해서 비참한 삶을 겪게 되느냐는 (의문이 그 반론이다). 또는 그토록 많은 사람들이 비참함에도 불구하고, 또 모두가 행복해지기 바람에도 불구하고, 인간이 어떻게 하면 복된 삶을 획득하느냐는 것이다."

자유 의지에 힘입어 행복해지기를 바라는데도 인간은 행복해 보이지 않는다. 그 이유는 각자 자유 의지의 모양이 다르기 때문이 아닐까? 올바르고 선한 형태의 자유 의지를 사용하는 사람이 행복한 삶을 얻는 결과는 당연하다. 반대로 동기가 불순하고 올바르지 않은 자유 의지를 사용하면 그 삶에는 당연히 비참함이 뒤따를 수밖에 없다. 불행을 반복하는 이유는 지금까지 내면의 자유 의지를 잘못 사용했기 때문이다.

결국 마흔에 이 무한 반복에서 벗어나는 방법은 주변 환경에 달려 있지 않다. 자유 의지에 자리 잡은 나쁜 생각을 어떻게 몰아내느냐에 달려 있다. 시시포스가 제우스의 분노를 사서 비참한 형벌을 받은 이유는 바로 교활함, 약은 꾀, 속임수, 그리고 못된 지혜를 가졌기 때문이었다.

아우구스티누스는 "곧, 의지에 따른 공과로서, 행복과 비참으로 상이나 벌을 받는다는 것이다"라고 말했다. 내면을 선한 의지로 채울 때 행복한 삶을 획득할 수 있다. 인생을 절반쯤 살아온 지금, 자유 의지를 선한 방향으로 이끌어야 한다. 그래야 삶이 영원한 형벌이 아니라 축복임을 깨달을 수 있다.

용기를 갖고 자신의 삶에 의미를 주어라

만약 영원한 형벌을 받은 시시포스처럼 누군가로부터 당신의 자유를 박탈당하거나 제지당한다면 기분이 어떨 것 같은가? 개인적으로 타고나기를 감수성이 예민한 편이다. 하지만 아쉽게도 어릴 때 타고난 감수성을 발전시켜 줄 만한 환경에서 자라지 못했다. 마흔이 넘은 이제야 감수성을 표출하는 법을 배우고 터득하는 중이다.

영국의 철학자이자 경제학자인 존 스튜어트 밀은 《자유론》에서 "자유가 금지되거나, 금지된 상황 속에서도 의견이 단호하게 주장되지 않는 경우에는, 인간의 지성에 치명적인 결과를 초래하고, 결국 그로 인해 인간의 도덕성에도 치명적인 상처를 주게 된다"라고 말한다. 밀은 개개인마다 다른 개성을 깎고 다듬어서 획일화하는 사회의 문제점을 지적한다. 즉 사회는 예민한 감수성을 타고난 사람들이 자신의 충동을 생생하고 강력하게 만들어서 마음껏 활동하고 그들의 자질을 발전시킬 수 있는 환경을 조성해 줄 의미가 있다는 것이다.

밀의 말처럼 사회에서 자유를 누려야 한다. 자유를 쟁취하기 위해서는 용기가 필요하다. 용기를 발휘하는 사람의 삶은 풍요롭고 활기가 넘친다. 또 자신의 내면에 잠재되어 있는 소질들을 찾아 계발할 수 있다. 지금 당장 자신이 하고 싶은 일을 찾아 나서라. 고귀하고 아름다운 존재로 거듭날 기회다.

실존주의 철학자인 장 폴 사르트르는 "인간은 자유롭게 살도록 선고받은 존재"라고 말한다. 인간은 일단 세상에 내던져지면 스스로 삶에 의미를 부여했기 때문에 자기가 행하는 모든 일에 책임이 있다. 신에게 의지하지 말고, 정해진 운명에 얽매이지 말고,

자신을 믿고 살아야 한다는 말이다. 즉 인간이 자유라는 '형벌'을 선고받았다는 말은 선택과 결과에 대한 책임은 본인만 감당할 수 있다는 뜻이다. 오로지 자신만이 자신의 삶을 통제할 수 있기 때문이다.

누구를 탓할 수도 없다. 자유에는 언제나 책임이 따르고 그에 따른 결과도 감수해야 한다. 하지만 자유가 있기에 미래의 삶은 우리의 선택으로 바꿀 수 있다. 이 사실은 축복이다. 삶이 정해져 있다면 그것만큼 불행한 일도 없을 것이다.

시시포스가 정상으로 돌을 밀어 올려놓고 다시 들판을 내려갈 때마다 희망을 가진 것도 새로운 삶을 선택을 할 수 있을 거라는 기대가 있었기 때문일지도 모른다.

03

절망 끝에서 시작하라

· 판도라의 희망 ·

살다 보면 가장 힘들었던 순간을 되돌아보게 된다. 사업에 실패해서, 일자리를 잃어서, 사랑을 잃어서, 몸과 마음이 아파서 힘든 순간은 누구에게나 찾아온다. 실패와 좌절로 절망에 빠져 무기력해지면 아무리 노력해도 바뀌지 않는 현실에 스스로가 한없이 초라하게 느껴진다. 절망이 깊어지면 최악의 경우 죽음에 이르기도 한다. 절망은 어디에서 시작될까?

헤시오도스는 인간이 절망할 수밖에 없는 이유를 제우스와 프로메테우스의 다툼으로 설명했다.

"제우스께서는 음모를 꾸미는 프로메테우스가 당신을 속인 것에 마음속으로 화가 나시어 양식을 감춰 버리셨소. 그분께서는 바로 그 때문에 인간들에게 안겨 줄 고통스러운 근심을 생각해 내셨으니, 불을 감춰 버리셨던 것이오. 그런데 이아페토스의 당당한 아들(프로메테우스)이 인간들을 위해 불을 회향풀 줄기 속에 집어넣어 지략이 뛰어나신 제우스에게서 도로 훔쳐 냈소."

헤시오도스, 《일과 날》

프로메테우스는 티탄 신족 이아페토스의 아들이다. 올림포스 신과 티탄 신족이 전쟁을 치를 때 제우스의 편을 들었던 프로메테우스와 그의 동생 에피메테우스가 제우스에게 명령을 받아 인간을 창조했다고 한다. 프로메테우스는 신의 형상을 본떠서 물과 흙으로 최초의 인간을 만들었다. 그리고 제우스의 반대에도 인간에게 불을 훔쳐다 주었다.

프로메테우스가 인간 편에 선 것에 화난 제우스는 두 가지 방식으로 복수했다. 먼저 프로메테우스에게는 바위산에 묶여 독수리에게 간을 쪼아 먹히는 형벌을 내렸다. 또 다른 하나는 인간을 향한 복수였다. 제우스는 인류에게 재앙을 내리기 위해 판도라를 만들어 보냈다.

재앙 뒤 남은 것

"그분께서는 유명한 헤파이스토스에게 명하여 되도록 빨리 물로 흙을 개어 그 안에다 인간의 목소리와 힘을 넣되 불사의 여신의 얼굴을 닮은 아름답고 사랑스런 모습의 처녀가 태어나게 하셨소. 그분께서는 또 아테네에게 명하여 그녀에게 고운 베를 짜는 수공예를 가르치게 하셨고, 황금의 아프로디테에게 명하여 그녀의 머리 주위에 매력과 고통스러운 그리움과 사지를 상하게 하는 상념을 쏟아붓게 하셨소. 그분께서는 또 아르고스의 살해자인 심부름꾼 헤르메스에게 명하여 그녀 안에 개의 마음과 교활한 기질을 넣게 하셨소."

헤시오도스, 《일과 날》

제우스는 금속 공예, 수공업, 조각 등을 관장하며 대장장이 신이라고 불리는 헤파이스토스에게 진흙으로 여성을 만들라고 명령했다. 그리하여 인간 최초의 여성이 탄생했다. 그녀의 이름은 판도라Pandora인데 그리스어로 'Pan'은 '모든'을, 'Dora'는 '선물'을 뜻한다. 즉 '모든 신으로부터 선물을 다 받은 여자'라는 뜻이다.

판도라는 지혜의 여신 아테나에게 베를 짜는 수공예 기술을, 사랑과 미의 여신 아프로디테에게 남자를 유혹하는 힘을, 전령의 신 헤르메스에게 간교함과 거짓말하는 법을 선물로 받았다.

헤르메스는 제우스의 명령에 따라 판도라를 프로메테우스의 동생 에피메테우스에게 선물로 보냈다. 에피메테우스는 "제우스에게서는 어떤 선물도 받지 말고 도로 돌려줘라"라는 프로메테우스의 충고에도 판도라를 아내로 맞이했다. 프로메테우스는 '사전에 생각하는 자'였기 때문에 제우스가 인간들에게 재앙을 내릴 것이라는 사실을 미리 알았다. 하지만 '사후에 생각하는 자'였던 에피메테우스는 재앙을 당한 뒤에야 뒤늦게 알았다.

에피메테우스의 집에는 절대로 열면 안 되는 항아리가 하나 있었다. 이 항아리는 오늘날 '판도라의 상자'로 알려진 것이다. 르네상스 시대의 손꼽히는 인문학자 에라스무스가 《변신이야기》에 등장하는 '프시케의 상자'와 혼동해서 번역한 것을 후대인들이 의심없이 그대로 옮겨 '상자'로 굳어졌다.

판도라는 날이 갈수록 항아리 안에 무엇이 들어 있는지 궁금했다. 결국 호기심을 이기지 못하고 항아리 뚜껑을 열고 말았다. 그 순간 항아리 안에 들어 있던 슬픔과 고통, 시기와 질투, 가난과 질병 등 온갖 재앙이 세상 밖으로 쏟아져 나왔다. 깜짝 놀란 판도라는 급히 뚜껑을 닫았지만 이미 때는 늦었다. 그동안 인간은 지상에서 재앙으로부터 멀리 떨어져 있어 힘겨운 고통도 없었고 죽음의 운명을 가져다주는 질병도 모르고 살았지만, 이때부터 전에는

〈판도라(Pandora)〉, 월터 크레인, 1885년.

서둘러 포기하지 마라.
희망은 언제나 재앙의 다음 순서다.

최초의 여성 판도라는 호기심을 이기지 못해 상자의 뚜껑을 열었다. 이때 온갖 재앙이 상자 밖으로 나와 인간들에게 큰 근심을 안겨 주었다. 그녀는 서둘러 뚜껑을 닫았지만 한 가지를 제외하고 상자의 내용물 전체가 빠져나간 후였다. 오직 희망만이 상자의 가장자리에 남아 있었다.

알지 못한 수많은 어려움과 고통 속에서 절망을 느끼기 시작했다.

그러나 다행히 항아리에 남겨진 게 하나가 있었는데 바로 '희망'이었다. 덕분에 인간은 어떤 불행이 닥쳐도 희망을 잃지 않으면 행복한 삶을 이어 갈 수 있었다. 그러나 판도라의 항아리에 남은 희망은 이중성을 띤다. 희망이 세상 밖으로 나오기 전에 판도라가 상자를 닫아 버렸기 때문에 이 세상에 희망은 사라지고 절망만 존재한다고 생각할 수 있기 때문이다.

헤시오도스는《일과 날》에서 판도라의 항아리에서 나온 무수히 많은 고통이 인간들 사이에 떠돌고 있으며, 육지와 바다도 재앙으로 가득 찼고, 질병은 밤낮으로 인간들을 찾아간다고 말한다. 그렇다면 우리에게 더 이상 고통받지 않고 지극히 행복만으로 가득한 '지복의 섬'은 없단 말인가?

신은 한쪽 문을 닫으면 다른 쪽 문을 열어 둔다

지복의 섬은 고대 그리스인들이 대지의 서쪽 끝에 있다고 믿었던 장소다. 고대 그리스 철학자 플라톤은《고르기아스》에서 소크라테스의 입을 빌려 지복의 섬에 대하여 말한다. 올바르고 경건한 삶을 산 사람은 죽은 뒤 축복받은 사람들의 섬에 가서 고통에서 벗어나 완전한 행복 안에서 살게 되지만 불의하고 신을 부인하는 삶을 산 사람은 '타르타로스'라 불리는 응보와 심판의 감옥으로 가게 된다는 것이다.

반면 독일의 철학자 프리드리히 니체는 《차라투스트라는 이렇게 말했다》에서 신의 죽음을 선언한다. 오랫동안 인간의 삶을 지배했던 전통적 토대, 즉 철학, 종교, 도덕의 이념과 가치가 신의 존재와 함께 사라진 세상에서 이제 스스로가 신이 되어 자기 자신을 극복해야 하는 '초인'이라는 새로운 인간 유형을 제시한다. 그리고 차라투스트라의 입을 빌려 초인의 세상을 의미하는 지복의 섬을 염원한다.

"고함을 치듯, 환성을 지르듯 나 넓은 바다를 가로질러 달려가련다. 나의 벗들이 머물고 있는 저 행복이 넘치는 섬을 찾아내기까지."

이 세상에 희망이 존재한다고 하더라도 이를 좋게만 바라볼 수는 없다. 실현 가능성이 있는 희망은 우리를 계속 성장시키지만 실현 가능성이 없는 막연한 희망은 우리의 삶을 그저 좀먹을 뿐이다. 불확실한 기대감으로 이러지도 저러지도 못하고 많은 시간을 낭비했다. 만약 적당한 시기에 포기할 줄 아는 지혜가 있었더라면 좀 더 후회 없는 삶을 살았을 텐데 말이다. 꿈꾸었지만 이루어지지 않은 희망들은 어쩌면 막연한 바람이었는지도 모른다.

물론 절망에 빠지기 두렵다는 이유만으로 꿈을 포기하는 일은 진정한 해결책이 될 수 없다. 누구든지 인생에 찾아온 첫 번째 절망은 견디기 힘든 법이다.

니체는《차라투스트라는 이렇게 말했다》에서 예언자와 차라투스트라의 대화를 통해 지복의 섬을 제시한다. 차라투스트라의 내면의 목소리이면서 허무주의의 도래를 예견한 예언자는 차라투스트라에게 한숨을 지으며 행복이 넘치는 섬은 더 이상 존재하지 않는다고 말한다. 차라투스트라를 찾아오는 사람들은 헛걸음하게 될 것이라고 비아냥거린다.

"행복, 이와 같이 묻혀 있는 자와 은둔자들에게서 어찌 행복을 발견하리오! 나 그 마지막 행복을 아직 행복이 넘치는 섬에서, 그리고 저 멀리, 잊혀진 바다 사이에서 찾아야 하는가? 그러나 모든 것은 같다. 아무 소용없다. 무엇을 찾든 힘이 되지 못한다. 행복이 넘치는 섬은 더 이상 존재하지도 않는다!"

하지만 예언자의 한숨 소리를 들은 차라투스트라는 우리가 추구하는 초인의 세상인 행복이 넘치는 섬은 존재한다고 이렇게 답변한다.

"아니다! 아니다! 세 번을 말하지만 아니다! (중략) 그것은 내가 더 잘 안다! 행복이 넘치는 섬들은 아직도 있다! 그것에 대해서라면 잠자코 있어라, 그대, 한숨이나 짓는 비통의 자루여!"

‘연인과의 사랑은 영원할 거야’, ‘경쟁률은 높지만 나는 합격할 거야’, ‘요즘 경기가 안 좋지만 내 사업은 성공하겠지’ 하고 막연한 희망을 품으며 살아왔다. 그러나 막상 사랑에 실패하여 실연한 후에, 시험이나 입사에 불합격 통지를 받은 후에, 사업이 망해서 빚더미에 앉고 난 후에 뒤늦게 후회하며 고통을 받지 않았던가.

마흔의 우리는 세상을 장밋빛으로 아름답게 바라보기는커녕 과거에 대한 우울과 미래에 대한 두려움에 빠져 하루하루를 살아가고 있다. 하지만 인생의 중반에서 삶을 낙천적으로 바라보는 태도는 중요하다. 우리가 낙천적이기 위해 얼마나 노력하는가가 남은 인생을 좌우하기 때문이다.

처음 마주한 실패 앞에 좌절하고 절망했지만 우리는 그 끝에서 다시 새롭게 시작할 수 있었다. 무엇을 시작하든지 희망을 잃지 않는 태도가 중요하다. 실패가 성공의 시작인 것처럼 절망도 희망의 시작이다. 희망만 버리지 않는다면 누구든지 절망의 고비를 잘 이겨 낼 수 있다. 마흔 이후의 인생이 어떤 빛깔을 띠는가는 고단한 삶을 희망적으로 보느냐 절망적으로 보느냐에 달려 있다.

인생은 직선이 아니라 곡선이다. 인생의 고통을 아는 자만이 인생의 아름다움을 더 깊이 이해한다. 삶이 밑바닥을 치는 순간일지라도 포기하지 않고 다시 나아간다면 더 높은 가능성의 세계로 도약할 수 있다. “신은 한쪽 문을 닫으면 다른 쪽 문을 열어 둔다”라는 말이 있듯이 한쪽 문이 닫혔다고 해서 인생의 모든 문이 닫혔다고 생각할 필요는 없다.

지금의 실패와 좌절은 내가 극복할 수 있기 때문에 신이 허락한 시험인지도 모른다. 따라서 신을 원망하기보다 감사하는 마음으로 인내하고 최선을 다한다면 끝내 결과를 얻게 될 것이다. 판도라의 상자는 '절망의 끝에는 항상 희망이 있다'고 말한다. 절망의 끝에서 시작하라. 절망을 극복한 사람만이 행복의 보물창고 그리고 새로운 행복의 황금 광맥을 발견하게 될 것이며, 행복이 넘치는 섬의 소유자가 될 것이다.

04

진정 가치 있는 것으로 영혼을 춤추게 하라

· 미다스와 마음의 눈 ·

영국 고전 경제학자 애덤 스미스는 《도덕감정론》에서 "이 세상 사람들이 온갖 고생을 다하면서 야단법석을 떠는 것은 무엇을 위해서인가? 탐욕과 야심, 부와 권력, 최고를 추구하는 목적은 무엇인가?"라고 물었다.

돈에 대한 탐욕으로 한순간에 파멸의 길을 걷는 이야기를 자주 접하게 된다. 대기업 총수나 그의 자녀들이 돈 욕심 때문에 뇌물을 받은 혐의로 철창 신세를 지는 일을 쉽게 볼 수 있다. 정치인들이 돈과 명예를 얻은 후 탐욕스러워져서 불법 재산을 국외로 빼돌렸다가 붙잡혀 오는 경우도 비일비재하다. 직원이 회삿돈을 빼돌려 불법 도박을 하거나 투자에 탕진한 역대급 횡령 사건들도 발생한다. 많은 돈을 대출받아 투자했다가 많은 빚을 지거나 일확천금을 벌려고 하다가 퇴직금과 전 재산을 사기당하는 사례 또한 심심치 않게 접한다. 수십억 원에 달하는 로또 1등에 당첨된 사람들도 한순간에 당첨금을 모두 탕진하거나 돈 때문에 가족 관계가 깨지는 경우가 많다.

그동안 사회는 돈만 있으면 모든 것을 이룰 수 있다고 여기고 돈을 최우선 가치로 여기는 물질만능주의를 지향했다. 우리는 무엇 때문에 부를 맹목적으로 쫓는 것일까? 진정한 부란 무엇일까? 마흔에 경제적으로 아무것도 이룬 것이 없다는 생각에 공허함에 빠지고는 한다. 정말 돈만 있으면 공허한 마음이 해결되고 마음이 채워질까?

욕심이 지나치면
저주로 돌아온다

황금만능주의 사회에 대한 경고로 미다스 왕의 이야기가 있다. 미다스 왕은 어느 날 술에 취해 방황하던 실레노스를 맞이했다. 실레노스는 오비디우스의 《변신이야기》에서 술에 취해 비틀거리는 사지를 지팡이로 지탱하거나 구부정한 당나귀의 등에 불안정하게 매달려 있는 영감으로 표현되는 정령이다. 늘 취해 있는 배불뚝이 노인이자 지혜롭기로 유명한 늙은 현자 실레노스는 술의 신 디오니소스의 어릴 적 스승이자 양부다. 농부들의 손에 이끌려 온 노인이 실레노스라는 사실을 한눈에 알아본 미다스는 그를 정중히 맞이하여 열흘 밤낮 잔치를 베풀며 대접했다.

열하루 만에 실레노스를 무사히 디오니소스에게 돌려보내자 디오니소스는 답례로 무엇이든 소원 한 가지를 들어주겠다고 약속했다. 미다스는 이미 재산이 많았지만 더 많은 부를 원했다. 그래서 손에 닿는 것은 무엇이든 황금으로 변하게 해 달라고 간청했다. 디오니소스는 흔쾌히 소원을 들어주었다.

그리하여 미다스의 손에 닿는 것은 무엇이든 황금으로 변했다. 미다스는 기뻐서 어쩔 줄 몰랐다. 그러나 기쁨도 잠시였다. 축배를 마시려고 들어 올린 포도주가 금으로 변하고, 식사를 하려고 만진 빵이 딱딱한 금으로 바뀌었다. 사랑하는 공주마저 미다스의 품 안에서 황금으로 변해 버렸다.

미다스는 디오니소스에게 이 저주에서 벗어나게 해 달라고 눈물로 애원했다. 디오니소스는 미다스가 자신의 어리석음을 깨달았음을 보고 "이제 그대의 어리석음을 깨달았는가? 그렇다면 팍톨로스강으로 가서 몸을 담그고 탐욕과 어리석음을 씻어라"라고 말하며 저주에서 풀려나는 방법을 알려 주었다. 미다스는 강물로 몸을 씻자마자 저주에서 풀려났다.

오늘날 경쟁 시장에서 막대한 부를 형성했거나 기업에서 신화를 창조한 인물을 비유할 때 자주 쓰이는 '미다스의 손'은 여기에서 유래되었다. 손대는 일마다 큰 성공을 거두어 큰돈을 버는 능력을 나타내는 긍정적인 의미로 쓰이지만 원래는 부정적인 의미다. 미다스는 탐욕과 과욕을 상징한다.

정말 중요한 것은 눈에 보이지 않는다

미다스의 일화를 통해 알 수 있듯이 세상에서 가장 소중한 것은 무엇일까? 이 세상에는 눈에 보이는 것과 눈에 보이지 않는 것이 있다. 대부분의 사람은 눈에 보이는 것을 소중하게 여긴다. 예를 들면 좋은 옷을 입고, 좋은 음식을 먹고, 좋은 집에 사는 것이 그렇다. 물질적인 면에서 풍족한 생활을 누리려면 돈이 많아야 한다. 그러나 《성경》 히브리서 13장 5절에서는 "돈을 사랑치 말고 있는 바를 족한 줄로 알라"라고 말했다. 돈에 대한 사랑이 지나쳐 탐욕에 이르면 이야기는 달라진다.

〈팍톨로스에서 씻는 미다스(Midas Washing at the Source of the Pactolus)〉, 니콜라 푸생, 1627년.

마음의 눈을 가리고 있는 욕심과 탐욕을 씻어 내라. 진정 소중한 것이 보일 것이다.

디오니소스는 미다스 왕에게 팍톨로스강에서 머리와 몸을 담그고 탐욕과 어리석음을 씻으라고 일러 주었다. 그 이후로 팍톨로스 강바닥의 모래가 사금으로 변했다고 한다.

가장 소중한 것은 눈에 보이지 않거나 익숙한 형태로 존재한다. 그러다 보니 평소에는 그 소중함을 잊고 지내는 경우가 많다. 어쩌면 눈으로 볼 수 없는 것이 세상에서 가장 소중한 것일지도 모른다.

볼 수 없고, 들을 수 없고, 말할 수 없었지만 희망을 잃지 않았던 헬렌 켈러는 "이 세상에서 가장 소중한 것은 눈에 보이거나 만져지는 것이 아니라 가슴으로 느끼는 것"이라고 말했다. 헬렌 켈러의 말처럼 우리의 영혼을 고양하는 일, 자기 자신에 대한 사랑, 가족과 이웃을 향한 사랑, 어느 날 문득 찾아온 영감, 독서하면서 떠오른 좋은 생각들, 내가 살아 숨 쉬는 이 순간, 사랑하는 사람과 맛있는 음식을 먹으며 수다를 떠는 시간은 눈에 보이지 않지만 정말 소중한 것들이다. 결국 가장 소중한 것은 과거에 잃어버린 것도, 미래에 갖고 싶은 것도 아닌 바로 지금 이 순간에 느낄 수 있는 행복이 아닐까?

생텍쥐페리의 《어린 왕자》에는 "오로지 마음으로 보아야만 잘 보인다는 거야. 가장 중요한 건 눈에 보이지 않는단다"라는 유명한 말이 나온다. 마음으로 본다는 것은 바로 '마음의 눈'으로 보는 것이다. 마음의 눈이란 우리가 흔히 말하는 직감이나 영감 같은 것이다. 또한 상상력과도 일치하는 개념이다. 마음의 눈을 가지고 가슴으로 느끼면 사물이나 현상을 제대로 판단할 줄 알게 된다. 하지만 소중한 것을 볼 수 있는 마음의 눈이 트이려면 매일매일 노력해야 한다.

물질적으로 크게 성공했어도 외로워 보이는 사람들이 있다. “재산과 명성은 바닷물 같아서 마실수록 목마르다”라는 쇼펜하우어의 말처럼, 만지는 것마다 황금으로 변하는 일이 축복이 아니라 저주였다는 미다스의 깨달음처럼 황금은 인간의 모든 필요를 채워 주지 못한다.

눈에 보이지 않아도 지금 살아 있음에 항상 기뻐하고 받은 축복에 감사하며 서로 사랑하는 마음을 가진 사람이 진정한 부자다. 아주 작은 일에도 감사로 반응하는 일은 인생의 부를 늘리는 가장 중요한 재테크라고 볼 수 있다.

05

죽음을 생각하라

· 아도니스의 죽음과 삶 ·

우리는 스스로가 숨을 쉬고 있는지조차 모를 때가 많다. 의식하지 않더라도 숨을 쉬기 때문이다. 사는 것이 너무 힘들면 습관적으로 큰 한숨을 몰아서 쉰다. 어쩌면 내가 살아 숨 쉬는 하루가 죽어 가는 사람에게는 갖고 싶어도 가질 수 없는 간절한 시간일지도 모르는데 우리는 때때로 그 소중함을 잊어버린다. 지금 아무 생각 없이 낭비하며 보내고 있는 시간이 너무 아깝지 않은가?

마흔 중반을 지날 무렵 죽음에 대해 깊이 생각하게 되었다. 시간이 너무 빨리 흘렀다. 젊은 날에는 앞으로 살아갈 날이 더 많다고 생각해 시간을 낭비해도 걱정이 없었다. 하지만 만약 죽을 날이 정해져 있다면 시간이 흘러감에 따라 사는 날도 줄어들고 있는 것이다. 어쩌면 우리는 환한 불꽃을 향해 달려드는 불나방처럼 죽음을 향해 달려가는지도 모르겠다.

'메멘토 모리Memento mori'라는 라틴어를 들어 보았을 것이다. '메멘토'는 '기억하다, 생각하다'라는 뜻이고 '모리'는 '죽음'을 뜻한다. 그래서 메멘토 모리는 '죽음을 생각하라', '죽는다는 것을 기억하며 살라'라는 의미다. 삶과 죽음은 어떤 관계일까? 이 둘은 모순적인 관계일까?

고독과 방랑의 시인 라이너 마리아 릴케는 《말테의 수기》에서 과일에 씨가 들어 있듯이 아이들은 작은 죽음을, 어른들은 큰 죽음을 간직하고 있었다고 말한다. 여자들은 죽음을 자궁 안에, 남자들은 가슴속에 간직하고 있다는 것이다. 즉 모든 인간은 죽음의 씨앗을 품고 태어난다는 릴케의 표현에서 삶과 죽음은 함께 존재한다고 볼 수 있다. 따라서 인간은 살아가면서 죽음을 떠올릴 수밖에 없다.

그런데 우리는 죽음을 어떻게 받아들이고 있는가? 누구나 훗날 죽음을 맞이하기에 인간이라면 모두 죽음에 대한 두려움을 갖고 있다. 그렇다면 우리에게 죽음은 어떤 의미일까?

결코 피할 수 없는 인간의 운명

'아네모네'라는 꽃이 있다. 따뜻한 봄이 오면 봄바람을 타고 흐드러지게 피어났다가 스쳐 가는 바람에 지는 화려하지만 연약한 꽃이다. 아네모네의 꽃말은 '사랑의 괴로움', '속절없는 사랑', '이룰 수 없는 사랑', '허무한 사랑'이다. 꽃말을 보니 구슬픈 사연이 얽혀 있는 듯하다.

미와 사랑의 여신 아프로디테는 아도니스라는 아름다운 청년을 보고 사랑에 빠졌다. 아프로디테는 아도니스를 너무나도 사랑해서 항상 곁에 두고 싶어 했다. 그러나 젊은 청년 아도니스는 사냥을 너무나도 좋아했다. 사냥에 나갈 때마다 아프로디테가 위험한 동물을 조심하라고 걱정이 담긴 당부를 했는데도 귀담아듣지 않았다.

결국 아도니스는 사냥에 나갔다가 사나운 멧돼지에게 공격받아 치명상을 입고 허무하게 죽음을 맞이했다. 아프로디테는 아도니스가 흘린 피 위에 신들이 마시는 음료로 인간이 마시면 불멸의 존재가 될 수 있는 넥타르를 뿌렸다. 그 위에서 붉은 꽃 한 송이가 피어났는데 생전 그의 모습처럼 아름다웠다. 그렇게 아도니스는 꽃으로 다시 이 세상에 태어났다.

고대 로마의 시인 오비디우스는 아도니스가 아네모네 꽃으로

우리는 모두 언젠가 죽음을 맞이한다.
살아 숨 쉬는 이 순간을 소중히 하라.

아프로디테의 연인 아도니스가 사냥을 하다가 멧돼지에게 물려 죽는다. 아도니스의 죽음을 슬퍼한 아프로디테는 그가 피를 흘리며 죽은 곳에 핏빛의 아네모네가 피어나게 한다.

〈아도니스의 죽음(The Death of Adonis)〉, 제임스 배리, 1775년경.

다시 피어난 것을 이렇게 묘사한다.

"그녀는 향기로운 넥타르를 그의 피에다 뿌렸소. 넥타르가 닿자 피가 부풀어올랐는데, 그 모습은 마치 누런 진흙에서 투명한 거품이 솟아오를 때와도 같았소. 한 시간도 채 안 되어 핏빛 꽃 한 송이가 피어났는데, 그 색깔은 질긴 껍질 아래 씨를 숨겨 두는 석류나무의 열매와 같았소. 하지만 그 꽃은 오래 즐길 수는 없소. 약하게 매달려 있는 데다 너무나 가벼워 쉬이 떨어지는 그 꽃을 바로 그 꽃에 이름을 대 준 바람이 흔들어 떨어뜨리기 때문이오."

오비디우스, 《변신이야기》

아도니스와 아프로디테의 사랑처럼 슬픈 이야기가 또 있다. 바로 태양신 아폴론과 미소년 히아킨토스의 사랑 이야기다.

어느 날 아폴론과 히아킨토스는 원반던지기 시합을 했다. 아폴론이 먼저 원반을 던졌는데 히아킨토스는 원반이 땅에 떨어지기도 전에 뛰어갔다. 그런데 땅에서 튀어 오른 원반이 히아킨토스의 얼굴을 힘껏 때렸다. 히아킨토스는 치명상을 입고 쓰러졌다.

의술의 신인 아폴론은 그를 살리기 위해 최선을 다했지만 소용이 없었다. 결국 히아킨토스는 숨을 거두고 말았다. 슬픔에 잠긴 아폴론은 히아킨토스를 안은 채 서럽게 울부짖었다.

“내가 너를 죽게 했으니 내가 대체 무슨 죄를 지었단 말이냐? 너와 시합을 한 것이 죄이란 말인가? 너를 사랑한 것이 죄이란 말인가? 할 수만 있다면 내가 대신 죽고 싶구나. 그도 아니라면 같이 죽을 수 있다면 좋으련만. 그러나 운명이 우리를 이렇게 묶어 놓았구나. 너는 항상 내 곁에 있을 것이다. 나는 너를 항상 입에 올릴 것이며 기억할 것이다. 노래를 할 때나 리라를 연주할 때나 너를 찬미할 것이다. 너는 우리의 고통을 꽃으로서 아로새길 것이다.”

오비디우스, 《변신이야기》

히아킨토스가 흘린 피에서 티로스산 자줏빛보다 빛나는 백합 모양의 꽃이 피어났다. 아폴론이 히아킨토스를 축복하며 ‘히아신스’ 꽃으로 피어나게 한 것이다. 그러나 아폴론은 히아킨토스가 꽃으로 환생하는 것에 만족하지 않았다. 아폴론은 자신의 비통한 심정을 담아 히아신스 꽃잎에 “아, 슬프도다”를 뜻하는 그리스어 ‘아이 아이Ai Ai’를 새겼다고 한다.

오비디우스는 아폴론의 아들이자 음유시인이며 리라의 명수인 오르페우스의 노랫소리로 아버지 아폴론과 히아킨토스의 슬픈 사랑을 이렇게 표현했다.

"만일에 운명이 포에부스(아폴론) 신께 그런 시간의 여유를 베풀었다면 아뮈클라이의 미소년 휘아킨토스도 포에부스 신의 손에 이끌려 천상으로 갈 수도 있었으리라. 그러나 휘아킨토스는 나름대로 불사의 몸이 되었다. 봄이 겨울을 쫓아내고 태양이 백양궁에 들 때마다 휘아킨토스는 다시 살아나 푸른 풀밭에 꽃으로 피어나니까… 내 아버지 포에부스는, 이 세상의 산 것들 가운데서 이 휘아킨토스를 가장 뜨겁게 사랑했다."

오비디우스, 《변신이야기》

기적은 기적처럼 오지 않는다

삶과 죽음은 서로 반대말 같지만 사실 동전의 양면처럼 떼려야 뗄 수 없는 관계다. 죽음이 없으면 삶은 존재하지 않고 삶이 없으면 죽음은 존재하지 않는다. 사실 죽음의 본질에 관해 확실히 아는 사람은 없다. 살아 있는 사람 중에 죽어 본 적이 있는 사람은 없기 때문이다.

다만 우리가 확실히 알 수 있는 것은 인간은 반드시 죽는다는 사실뿐이다. 지금 이 세상에 살아 숨 쉬는 우리는 언젠가 반드시 죽는다. 죽음은 지금도 어디선가 계속 일어나고 있고 결코 피할 수 없는 인간의 숙명이다. 미래에 일어날 일 중에서 지금 당장 확실하게 말할 수 있는 것은 바로 죽음뿐이다. 죽음은 중대한 사건이다.

어떤 삶을 살아왔든 우리는 결국 죽음을 맞이하기에 이 삶이 허무하게 느껴질 수 있다. 그러나 자신의 죽음에 대해 미리 생각하지 않는다면 이 삶을 제대로 사랑할 수 없다. 결국 메멘토 모리는 우리는 언젠가 죽을 존재이니 살아 숨 쉬는 이 순간을 소중히 하고 최선을 다하자는 말이다. 그럼 지금 살아 숨 쉬는 이 순간을 소중히 생각하기 위해 우리는 무엇을 할 수 있을까? 항상 깨어 있는 마음을 유지해야 한다.

현재 사랑하는 가족과 함께할 수 있다는 사실은 기적 중에 최고의 기적이다. 언젠가 우리는 서로 이별할 존재들이기에 사랑은 더욱 절절하다. 지금 살아 계신 부모님께, 반려자에게, 아이들에게 사랑한다고 말해 보자. 내 옆에 있어 주어 고맙다고 말해 보자.

또한 살아 숨 쉬는 하루가 주어졌다는 사실 자체가 기적이다. 숨을 내쉬는 순간마다 나를 얽매는 세상으로부터 자유로워질 수 있을까? 호흡을 통해 자신을 채우고 비우면서 호흡이 주는 선물을 찾고 있는가? 이는 아마도 존재의 작업일 것이다.

한 번 더 안아 줄걸, 한 번 더 사랑한다고 말할걸, 감사하다고 말할걸, 이런 후회가 인생에 남지 않아야 한다. 지금 이 순간에 이 모든 걸 할 수 있다. 살아 있기 때문이다. 이 사실이 정말 기적이고 감사다. 다른 곳에 기적이 있는 것이 아니다.

06

앞에서 기회가 올 때 단번에 움켜쥐어라

· 카이로스와 시간 ·

가끔 지금의 업을 만나지 못했다면 어떻게 되었을지 상상하고는 한다. 혹은 새로운 업을 찾을 때까지 무작정 기다려야 한다면 어떤 기분일지 생각한다. 지난날을 돌아보면 큰 꿈과 야망으로 목표를 향해 순조롭게 나아가다가 갑자기 길이 막힌 적이 많았다. 하지만 야속한 세상은 계속 돌아갔고 시간도 계속 흘러갔다. 시간이란 도대체 무엇이기에 이리도 속절없이 흘러가는 것일까?

우리는 시간을 단순히 과거와 현재 그리고 미래의 연속이라고 인식한다. 아우구스티누스는 《성어거스틴의 고백록》에서 "과거는 이미 지나가서 지금 존재하지 않고, 미래는 아직 오지 않아서 지금 존재하지 않는데 이 두 가지 시간, 즉 과거와 미래가 어떻게 하여 있게 되는 것입니까"라고 묻는다.

우리는 지나 버린 과거의 시간으로 돌이킬 수 없음에 후회한다. 또 다가올 미래의 시간은 불확실하기에 많은 일을 걱정한다. 그러나 잘 생각해 보면 우리는 현재의 시간 속에서 태어났고 현재의 시간 속에서 살아간다. 그리고 현재의 시간 속에서 일생을 마친다. 어쩌면 과거의 시간과 미래의 시간이란 존재하지 않는지도 모르는데 우리는 현재보다 과거와 미래에 더 집착한다.

크로노스의 시간과 카이로스의 시간

고대 그리스어에 시간을 의미하는 두 가지 말이 존재한다. 바로 '크로노스Chronos'와 '카이로스Kairos'이다. 먼저 크로노스는 우리가 보통 알고 있는 과거, 현재, 미래가 연속해서 흘러가는 물리적 시간을 말한다. 모든 사람에게 동일하게 주어지는 시간으로 의미 없이 단순히 흘러가는 객관적 시간을 의미한다. 크로노스는 시계를 뜻하는 '크로노미터Chronometer'와 연대기를 뜻하는 '크로니클Chronicle'의 어원이다.

반면 카이로스는 인간이 특별한 의미를 부여한 주관적 시간이다. 카이로스적 시간은 적절한 때를 의미하는 시간으로 '기회'라는 말로도 쓰인다. 카이로스적 시간은 현재의 시간을 말한다. 크로노스적 시간은 자신의 의지와 상관없이 오고 가는 일방적 시간이지만 카이로스적 시간은 자신의 의지로 지배할 수 있는 자율적 시간이다.

시간의 의미를 이해하고자 할 때 아인슈타인의 말이 도움이 된다. 아인슈타인은 아름다운 여자의 마음에 들려고 노력할 때는 한 시간이 마치 일 초처럼 흘러가지만 뜨거운 난로 위에 앉아 있을 때는 일 초가 마치 한 시간처럼 느껴진다며, 이것이 바로 시간이 지닌 상대성이라고 말했다. 같은 시간이어도 상황에 따라 다르게 느껴지는 경험을 해 보았을 것이다. 이것이 바로 카이로스적 시간이다. 카이로스적 삶을 사는 사람에게 한 시간은 일 초처럼 너무나도 짧게 느껴진다. 매 순간을 열정으로 가득 채우기 때문에 그들은 항상 시간에 대한 갈증을 느낀다.

그리스 신화에서 카이로스는 '기회의 신'이다. 제우스의 아들인 카이로스는 앞머리는 길지만 뒤통수에는 머리카락이 없는 우스꽝스러운 모습을 하고 있다. 앞에서 기회가 다가올 때 단번에 앞머리를 움켜쥐어야 한다는 의미와 바람처럼 지나간 기회는 다시 잡을 수가 없다는 의미가 그의 외모에 함축되어 있다.

기회는 과거에 놓쳤던 것도 아니고 미래에서 오는 것도 아니다. 오직 현재에만 존재하는 것이다.

기회의 신 카이로스는 앞머리가 길지만 뒷머리는 없는 남성 신이다. 최대한 빨리 사라지기 위해 발에 날개가 달려 있고, 옳고 그름을 정확히 판단하기 위해 왼손에 저울을 들고 있으며, 칼로 자르듯이 빠른 결단을 내리기 위해 오른손에는 칼을 들고 있다.

〈기회로서의 시간(카이로스)(Time as Occasion(Kairos))〉, 프란체스코 데 로시, 1543-1545년.

'인생에는 세 번의 기회가 찾아온다'는 말이 있다. 대부분의 사람은 기회라는 손님이 지금 문 앞에 서 있는지, 아니면 왔다 갔는지 알지 못한 채 시간을 보낸다. 마흔 중반을 지나가며 나는 종종 '벌써 마흔 중반인데 나에게 몇 번의 기회가 찾아왔을까?', '나에게 남은 기회는 몇 번이나 될까?'라며 자문했다.

기회가 왔을 때 사람들은 크게 세 가지 반응을 보인다.

첫째, 기회를 제때 잡는다.

둘째, 기회를 놓치고 후회한다.

셋째, 기회가 왔는지조차 알지 못한다.

왜 누구는 기회가 오면 놓치지 않고 누구는 기회가 코앞에 왔는데도 알지 못하는 걸까? 세 번의 기회가 인생을 한 번에 바꿔 줄 만큼 거대한 사건으로 다가올 것이라고 기대하기 때문은 아닐까? 기회는 아주 작고 사소한 모습으로 찾아온다. 한 사람의 삶을 송두리째 바꾸는 기회는 아주 작고 사소한 일이나 우연한 만남에서 비롯되는 경우가 많다.

내가 책을 쓴 것도 우연한 계기로 시작되었다. 서양 미술사와 서양 철학에 관심을 두고 그 분야의 책을 여러 권 읽다 보니 그리스 로마 신화를 모르면 서양 문화를 제대로 이해할 수 없다는 사실을 깨달았다. 그렇게 그리스 로마 신화를 읽기 시작하면서 책을 쓸 기회가 생긴 것이다. 이 기회가 나를 작가와 강연자의 길로 데려다주었고 나의 인생이 송두리째 바뀌었다.

기회는 열정을 간직한 사람에게 찾아온다. 열정이란 길을 헤쳐 나가는 힘이다. 간절히 원하는 사람에게 기회가 주어질 확률이 높다. 바라고 기대하는 만큼 뜻밖의 사건과 만남, 갑자기 떠오른 아이디어, 여행이나 독서를 하는 도중에 떠오르는 직감도 그냥 지나치지 않는다. 이런 일들이 쌓이다 보면 결국 기회를 붙잡게 된다.

카이로스적 삶을 사는 방법 네 가지

사실 기회의 횟수는 그리 중요하지 않다. 정말로 인생에 기회가 세 번만 있겠는가? 그저 기회가 올 때 잘 선택하라는 의미로 받아들이면 된다. 우리는 오늘도 선택의 갈림길 위에 서 있다. 기회를 잡을 것인가, 잡지 않을 것인가는 오로지 자신의 몫이다. 그중 무엇을 선택하느냐에 따라 인생이 달라진다.

성공 지향적이고 카이로스적인 삶을 살려면 무엇을 해야 할까?

익숙함과 작별하고 변화를 받아들여라

인간의 죽음에 대하여 일생을 바쳐 연구한 스위스의 정신과 의

사 엘리자베스 퀴블러 로스는 저서 《인생 수업》에서 변화에 대하여 정의한 바 있다. 그는 지금까지의 익숙한 상황에 작별을 고하고 낯선 상황을 받아들이는 것이 변화라고 정의하며, 변화의 앞에서 우리를 불안하게 하는 것은 상황의 낯섦이나 익숙함이 아니라 그 중간에 존재하는 시간이라고 말한다.

때에 맞추어 우리 자신도 변해야 한다. '기회는 준비된 자의 몫'이라는 말이 있듯이 기회는 우리에게 갑자기 찾아온다. 과거에 발이 묶여 습관처럼 지나간 일만 회상할 것인가? 카이로스의 뒷머리는 절대 움켜쥘 수 없고 흘러간 과거는 다시 돌아오지 않는다.

매일 부정적 감정을 청소하라

건강하게 오래 살려면 무엇보다 라이프 스타일을 잘 가꿀 수 있어야 한다. 북유럽 사람들은 생활 습관이 수명을 결정한다고 믿는다.

우리나라 사람들은 경쟁 사회에서 매일 극도의 스트레스를 받는다. 이때 감정 쓰레기를 제대로 치우지 않으면 건강이 나빠질 수밖에 없다. 건강을 잃는다면 물질적인 성공을 이룬다 해도 무슨 의미가 있겠는가? 매일 부정적인 감정을 청소해야 한다. 그럴 때 어제보다 더 나은 오늘의 삶을 새로 시작할 수 있다.

나만의 서재를 만들어라

나는 어릴 적부터 책을 정말 좋아했다. 서점에 꽂혀 있는 수많은 책을 보며 나만의 멋진 서재를 만들겠다는 꿈을 가졌다. 그래서 많은 양서를 수집하며 나만의 서재를 만들고 있다. 좋은 원목으로 만든 책장에 책을 꽂을 때 세상의 모든 지혜를 얻는 기분이다. 서재를 만들다 보면 붙잡혀 있던 과거와 이별하고 새롭고 멋진 삶을 위한 지혜를 터득하는 유익을 경험할 수 있다. 이 세상에 하나밖에 없는 나만의 서재를 만드는 것은 바로 카이로스적 삶으로 가는 지름길이다.

무작정 여행을 떠나라

카이로스적 삶을 살려면 모험적이고 도전적인 정신을 가져야 한다. 이러한 정신은 무작정 떠나는 여행에서 발현이 가능하다. 인생은 여행에 비유할 수 있다. 만일 사는 게 지겹고 답답하다면 여행 가방을 꾸려라. 그리고 낯선 곳으로 여행을 떠나라. 권태로운 삶을 벗어나는 좋은 방법이다. 여행하는 동안 방황하는 자신과 마주하며 삶의 방향을 잡을 수 있기 때문이다.

인생에서 절벽과 마주한 적이 있는가? 더는 나아갈 수도 물러설 수도 없는 상황에 빠져 본 적이 있는가? 유일한 길이라고 믿었던 꿈을 어쩔 수 없이 포기한 적이 있는가? 살다 보면 예상치 못한 막다른 곳에 이를 수 있다. 하지만 그곳이 인생의 종착점은 아니다. 마흔에는 지나간 삶과 놓친 기회에 대한 미련을 버리고 자신만의 속도와 방향으로 나아가야 한다. 닫힌 문을 뒤로한 채 새로운 문을 향해 떠나는 일은 가능성의 세계로 떠나는 모험과 비슷하다.

마흔에 우리의 감정은 종종 변화에 대한 두려움으로 가득 찰 수 있다. 마흔에 들어섰다면 이제 우리가 물리쳐야 할 적은 바로 그 두려움이다. 오늘은 어제와 결별하고 맞이한 새로운 날이다. 그렇기에 매일 마주하는 오늘 하루가 곧 새로운 기회다. 끝없이 계속될 것만 같던 진부한 삶도 인생의 중반을 어떻게 보내느냐에 따라 달라질 수 있다.

미국에서 작가 겸 사회 사업가로 활약한 헬렌 켈러가 남긴 말이 마음에 와닿는다.

"행복의 문 하나가 닫히면 다른 문들이 열린다. 닫힌 문들을 멍하니 바라보다가 우리를 향해 열린 문을 보지 못한다."

2장

어떻게 인생을 바라볼 것인가

양면의 신화

01

고독의 뒤안길을 걸어 보라

· 메두사의 고독 ·

아름다운 여자나 남자를 보고 갑자기 마음이 돌처럼 굳어 본 적이 있는가? 우연히 길을 가다가 연예인을 보거나 예상치 못한 만남에서 아름다운 상대방을 보고 너무 놀라서 눈을 떼지 못한 경험이 모두 한 번쯤은 있을 것이다.

그리스 로마 신화에도 마주치면 몸이 돌처럼 굳을 정도로 아름다운 절세 미녀가 있었다. 바로 고르고네스 괴물 자매의 막내 메두사다. 남자들의 사랑을 독차지했던 그녀는 세 자매 중 유별나게 아름다웠다. 특히 여신 아테나에게 도전할 만큼 머릿결이 매혹적이었다. 그런데 왜 세 자매 가운데 메두사만 머리털이 올올이 뱀으로 변하여 서로 얽히게 되었을까?

한 번의 실수가 불러온 오명

오비디우스는 《변신이야기》에서 메두사가 흉측한 괴물로 변하게 된 사연에 대하여 이렇게 말한다.

"그녀는 전에 빼어난 미인이었고, 수많은 구혼자의 희망이자 시기의 대상이었소. 나는 그녀를 직접 보았다고 주장하는 사람을 만난 적이 있소. 하지만 사람들이 말하기를, 바다의 지배자가 메두사를 미네르바의 신전에서 겁탈하자 윱피테르의 따님이 돌아서서 정숙한 얼굴을 아이기스로 가렸다 하오. 그리고 그런 행위가 벌받지 않는 일이 없도록 여신은 고르고의 머리털을 흉측한 뱀 떼로 바꿔 버렸소. 지금도 여신은 겁에 질린 적을 두려움으로 놀라게 하려고 가슴 위에 자신이 만들었던 뱀 떼를 차고 다니지요."

아름다움 때문에 아테나에게 미움을 받았던 메두사는 하필 포세이돈을 유혹하다가 아테나의 신전에서 사랑을 나누는 실수를 저지르고 말았다. 신성 모독에 분노한 아테나는 비단결 같은 메두사의 머리카락 한 올 한 올을 실뱀으로 바꾸어 버리고 아름다운 그녀의 얼굴마저 흉측하게 바꿔 버렸다. 또 메두사와 눈이 마주치는 순간 상대방이 돌로 변해 버리는 저주까지 내렸다.

괴물로 변하기 전에도 사람들이 메두사를 보면 너무 아름다워 돌처럼 변했는데 이제는 무섭게 생긴 모습에 놀라 돌이 되었다. 자신의 흉측한 모습에 메두사는 너무나도 괴로웠다. 결국 메두사는 아무도 없는 곳에서 홀로 외롭게 살아야만 했다.

아테나의 저주는 끝나지 않았다. 아테나는 영웅 페르세우스에게 괴물 메두사의 머리를 자르는 데 필요한 청동 방패와 칼을 제공했다. 메두사와 눈이 마주치면 즉시 돌로 변하기 때문에 페르세우스는 눈을 마주치지 않기 위해 방패에 비친 모습으로 메두사를 확인했다. 오비디우스는《변신이야기》에서 페르세우스가 메두사의 머리를 잘라 냈다고 이렇게 전하고 있다.

"그는 멀리 떨어진 길 없는 외딴곳과 황량한 숲과 곤두선 바위산을 지나 고르고 자매들의 집에 이르렀는데, 사방의 들판과 길에서 메두사의 얼굴을 마주보다가 돌로 변한 인간과 짐승의 형상을 보았다는 것이었다. 그는 왼손에 들고 있던 방패와 환한 청동에 비친 메두사의 끔찍한 얼굴을 보았고, 뱀 떼와 그녀 자신이 깊이 잠에 빠져 있는 동안 그녀의 목에서 머리를 베자 어머니의 피에서 날개 달린 날랜 페가수스와 그의 아우가 태어났다는 것이었다."

메두사는 한순간의 실수로 불행하고 고독하게 살다가 죽었다.

우리를 절망과 죽음의 늪으로 인도하는 부정적인 형태의 고독에서 벗어나라.

신성 모독을 한 메두사는 아테나 여신에게 두 가지 저주를 받았다. 아름답고 매혹적인 머리카락은 한 올 한 올이 실뱀으로 바뀌었고, 메두사와 눈이 마주치는 순간 상대방이 돌로 변해 버렸다.

〈메두사(Medusa)〉, 앨리스 파이크 바니, 1892년.

영웅 페르세우스에게 메두사의 죽음은 자랑스러운 일이지만 아름다움 때문에 질투를 받았을 뿐인 메두사에게는 억울한 일이다.

메두사는 신과 영웅들의 희생양이었다. 페르세우스는 감사의 표시로 메두사의 머리를 아테나에게 바쳤고 아테나는 메두사의 머리를 방패에 달아 자신의 권위를 상징하는 도구로 사용했다. 메두사는 죽어서도 원수의 방패에 붙어 있어야 했다.

메두사의 머리가 잘릴 때 몸에서 흘러나온 피에서 날개 달린 말 페가수스가 태어났는데 이는 메두사가 포세이돈과 사랑을 나눌 때 생긴 자식이라고 한다. 또 아폴론의 아들인 의술의 신 아스클레피오스는 메두사의 피를 이용해 독약과 신비의 명약을 만들었다. 메두사의 왼쪽 혈관에서 흘러나온 피로는 사람을 죽이는 독약을, 오른쪽 혈관에서 흘러나온 피로는 사람을 살리는 명약을 만들었다.

훌륭한 미녀에서 흉측한 마녀로 돌변한 메두사는 불행 중 다행인지 모르겠지만 죽어서도 여러 방면으로 이름을 남긴다. 설사 악명 높은 일이었을지라도 말이다.

기다릴 수 있는 한
희망이 있다

살면서 나를 가장 불행하게 만든 요소를 하나만 뽑으라면 망설

임 없이 고독을 말할 것이다. 고독한 것만큼 불행한 일은 없다. 지나간 시간을 돌이켜 보면 나는 무척 외로움을 많이 탔다. 왜 자주 외로워야 했는지 원인도 잘 모른 채 긴 세월을 흘려보냈다. 그때는 나 자신이 참 불행하다고 생각했다.

지금은 카페나 식당에 혼자만의 시간을 즐길 수 있는 자리가 많다. 나도 카페에 혼자 가서 책을 보거나 글을 쓰고는 한다. 주위의 모르는 사람들을 벗 삼아 책을 읽는 일은 나에게 가장 재미있는 취미다. 혼자 있는 모습이 고독해 보일지라도 말이다.

과거의 외로움과 지금의 외로움은 좀 차원이 다르다. 예전에는 고독을 즐겨 보리라 결심해도 뜻대로 되지 않았다. 부정적인 형태의 고독이었기 때문이다. 고독하기 때문에 우울하고 계속 우울하다 보니 점점 절망의 늪으로 빠져들었다. 그 당시 나에게는 어떻게 우울증을 극복할 것인지가 가장 큰 과제였다.

하지만 마흔에 느끼는 고독은 긍정적인 형태가 되었다. 이제는 고독과 친구가 되어 즐길 수 있다. 어떻게 해서 부정적 고독에서 탈피할 수 있었을까? 고독은 '기다림'이라는 사실을 알았다. 그때부터 고독을 즐길 수 있게 되었다.

나는 꿈을 위한 길 위에서 많은 시간을 홀로 외롭게 보내야만 했다. 나의 인연을 찾기 위한 길 위에서 다시 돌아오지 않는 청춘을 바쳐야 했다. 돌아보면 인생에는 기다리고 기다려야만 하는 일이 여럿 존재하는 것 같다.

그러나 나는 무슨 일이든 가능한 한 빨리 해결하고 싶었다. 뜻대로 되지 않아 많은 시간을 자책하며 외롭게 보냈다. 마치 메두사가 고통스러운 저주에서 벗어나기 위해 많은 시간을 홀로 기다리며 괴로워했듯이 말이다.

기다림은 고통스럽다. 기다림은 만남을 기약하지도 않는다. 성공을 보장하지도 않는다. 그래서 더욱 불안했다. 하지만 기다림의 끝에는 항상 결과가 존재했다. 그 사실을 깨달은 순간부터 고독이 찾아와도 잘 이겨 낼 수 있게 되었다.

생각해 보면 지금까지 잘 헤쳐 나왔다. 그저 한 걸음 한 걸음이 힘들었을 뿐이다. 이제는 기다리다 지치면 휴식해도 된다는 사실을 안다. 급할 이유가 없다. 무엇보다 마흔은 아직 많은 일을 도전하고 기다리기에 충분히 젊은 나이다.

누구나 행복을 원하지만 온전한 행복을 누리는 사람은 보기 드물다. 지금의 행복을 온전히 누리려면 고독의 뒤안길을 걸어 보아야 한다. 고독할 때는 세상에 홀로 남겨진 것처럼 외롭고 고통스러워도 시간이 지나서 그때를 되돌아보면 힘든 시간만큼 성장한 자신을 발견할 수 있다. 따라서 행복이란 생각하기 나름이라는 생각이 든다.

혹시 현재 고독한 시간을 보내고 있는가? 그 시간은 반드시 지나가게 되어 있다. 조금만 인내하며 기다려 보자. 미래에 당신이 마주할 행복에 비하면 지금 마주한 고독은 사실 아무것도 아니다.

02

지금 이 순간에 충실하라

· 벨레로폰의 굴곡 ·

어떻게 하면 마음의 행복을 누릴 수 있을까? 어떻게 하면 어둡고 끝이 보이지 않는 인생의 긴 터널을 빠져나갈 수 있을까? 많은 사람이 고민한다. 행복은 무엇일까? 행복은 단순히 불행의 반대말일까?

코린토스의 영웅 벨레로폰은 천마 페가수스를 차지한 사건으로 유명한 인물이다. 그는 실수로 자기 형제인 벨레로스를 살해하여 고향을 떠날 수밖에 없었다. 벨레로폰은 '벨레로폰테스'를 줄인 이름이다. 코린토스의 왕자였던 벨레로폰의 원래 이름은 히포누스지만 실수로 벨레로스를 죽이는 바람에 "벨레로스를 죽인 자", 즉 벨레로폰테스라고 불리게 되었다.

이후에 그는 티린스의 왕 프로이토스에게 가서 살인죄를 용서받았다. 그런데 프로이토스 왕의 아내 스테네보이아가 벨레로폰을 유혹했다. 벨레로폰이 이를 거절하자 화난 스테네보이아는 남편에게 벨레로폰이 자신을 겁탈하려 했다고 거짓말을 했다. 여기서 벨레로폰의 진짜 방황과 시련이 시작된다. 살인자로 고향에서 추방당하고 간신히 이곳에서 죄를 용서받았는데 억울하게 누명을 쓰게 되었으니 말이다.

프로이토스 왕은 아내 스테네보이아의 말을 듣고 몹시 화가 났다. 하지만 함께 식사를 나누고 있는 손님을 바로 죽일 수도 없었다. 그는 리키아에 살고 있는 장인 이오바테스에게 봉인된 편지와 함께 벨레로폰을 보냈다. 그 편지에는 편지를 가지고 온 자를 죽여 달라고 적혀 있었다.

행복과 불행은 혼자 오지 않는다

이오바테스는 편지를 확인했지만 벨레로폰을 죽이는 대신 괴물 키마이라를 퇴치해 달라고 부탁했다. 키마이라는 머리는 사자, 몸통은 염소, 꼬리는 뱀의 모습이고 입에서 불을 내뿜는 무시무시한 괴물이었다. 이오바테스는 틀림없이 벨레로폰이 괴물 키마이라에게 죽을 것이라고 확신했다.

벨레로폰은 떠나기 전에 괴물 키마이라를 물리칠 방법을 현명한 예언자 폴리이도스에게 물었다. 폴리이도스는 천마 페가수스를 얻으면 과업을 성취할 수 있다고 말해 주었다. 페가수스는 메두사가 목을 베였을 때 그 피에서 태어난 날개 달린 말이다. 페가수스를 얻으려면 아테나의 신전에서 하룻밤을 보내야 했다. 벨레로폰은 아테나 신전에서 페가수스를 구하는 기도를 드리다가 잠이 들었다. 꿈에 아테나가 나타나서 황금 재갈을 그에게 건네주었다. 꿈에서 깨어 보니 황금 재갈이 곁에 놓여 있었다.

벨레로폰은 코린토스에 있는 페이레네 샘에서 물을 마시고 있는 페가수스를 발견하자마자 재빨리 황금 재갈을 물렸다. 벨레로폰은 이렇게 황금 재갈을 얻고 천마 페가수스의 주인이 되었다. 벨레로폰은 페가수스를 타고 공중으로 올라가서 불을 내뿜는 괴물 키마이라를 향해 화살을 쏘았다. 결국 괴물 키마이라는 죽고 벨레로폰은 영웅이 되었다.

불행으로 가득 차 있던 벨레로폰의 인생에 영광스러운 날과 함께 행복이 찾아오기 시작했다. 이오바테스는 벨레로폰을 사위로 삼고 왕위 계승자로 지명하기까지 했다. 이로써 벨레로폰의 인생은 '불행 끝, 행복 시작'이었다. 하지만 오랜 시간이 흘러 벨레로폰은 자신이 거둔 업적과 야망으로 인해 오만해졌다. 벨레로폰은 페가수스를 타고 신들이 사는 올림포스까지 올라가려고 했다. 제우스는 벨레로폰의 오만방자한 생각에 몹시 화가 나 등에를 한 마리 보내서 페가수스의 등을 쏘게 했다. 페가수스는 깜짝 놀라 몸부림을 쳤고 그 바람에 벨레로폰은 땅으로 떨어져서 크게 다쳤다. 목숨은 겨우 건졌지만 눈이 멀었고 절름발이가 되었다. 그 후로 벨레로폰은 사람들을 피해 다니며 남은 인생 동안 방랑하는 삶을 살았다.

모든 순간에 존재하는 행복으로의 통로

방황하는 벨레로폰의 삶과 현재 우리의 인생은 닮은 점이 많다. 인간이란 존재는 너무나 나약하고, 그의 삶 또한 덧없음 그 자체로 느껴진다. 누구나 인생에 한 번은 시련과 고통이 찾아온다는 사실을 알고 있지만 막상 어려운 일을 당하면 어찌할 바를 몰라 막막해한다. 선택의 갈림길에 서 있을 때도 무엇을 택해야 할지 몰라 답답해한다. 어떻게 하면 길지 않은 인생을 후회 없이 살 수 있을까?

행복과 불행은 동전의 양면과 같다.
어떤 면을 마주할 것인가?

벨레로폰이 괴물 키마이라를 퇴치하고 행복해질 수 있었던 것은 메두사의 잘린 머리에서 태어난 천마 페가수스를 얻었기 때문이다. 자신의 업적으로 오만해진 벨레로폰은 올림포스에 올라가려고 하다가 제우스의 분노를 사 땅으로 추락한다.

〈벨레로폰의 몰락(Sturz des Bellerophon)〉, 한스 보크, 1571년.

실존주의 철학의 선구자인 니체는 '영원회귀'라는 관념에 대해서 "영원회귀란 현재 존재하는 것과 거의 동일한 모습 그대로 무한한 시간의 흐름 속에서 무한히 반복된다는 것이다"라고 말했다. 그리고 《차라투스트라는 이렇게 말했다》에서 이렇게 말했다.

"나 이제 죽어 사라지노라. 한순간에 나 무로 돌아가리라. 영혼이란 것도 신체와 마찬가지로 결국 죽을 수밖에 없으니. 그대는 이렇게 말하리라. 그러나 내가 얽혀 있는 원인의 매듭은 다시 돌아오리라. 돌아와 다시 나를 창조하리라! 나 자신이 영원한 회귀의 여러 원인에 속해 있으니. 나 다시 오리라. 이 태양과 이 대지, 이 독수리와 이 뱀과 함께. 새로운 생명이나 좀 더 나은 생명, 아니면 비슷한 생명으로 다시 오는 것이 아니다. 나 더없이 큰 것에서나 더없이 작은 것에서나 같은, 그리고 동일한 생명으로 영원히 되돌아오는 것이다. 또다시 만물의 영원한 회귀를 가르치기 위해서 말이다."

지금 이 순간 내가 무의미한 삶을 살고 있느냐, 의미 있는 삶을 살고 있느냐에 따라 동일한 모습으로 무한히 반복된다는 말이다. 그런데 선택은 자신의 몫이다. 이미 지나간 과거와 불확실한 미래 때문에 현재의 행복을 포기할 것인가? 지금 이 순간 행복을 느끼고 누릴 수 있어야 한다.

행복과 불행은 반대말이 아니다. 이 둘은 동전의 양면처럼 공존

한다. 아무리 불행한 상황에 처한 사람일지라도 소소한 일상생활에서 행복을 찾을 수 있다. 반대로 아무리 행복한 사람일지라도 갑자기 불행해질 수 있다. 역설적이지만 수많은 고통과 불행이 오히려 행복을 얻는 통로가 된다는 사실을 깨달아야 한다. 삶의 고통을 극복한 사람만이 행복을 만들 수 있기 때문이다.

당신은 당신의 삶과 이 모든 것이 그대로 영원히 반복되기를 원하는가? 인생의 어디쯤에 있든지 간에 바로 지금 이 순간이 당신에게 가장 행복한 시간이다. 행복은 먼 곳에 있지 않다. 어떤 상황에서도 누구나 행복할 수 있다. 다만 자신의 행복을 발견하지 못하고 현실의 고통만 바라보기 때문에 불행한 것이다. "카르페디엠Carpe diem!" 지금 이 순간에 충실하자. 그리고 오늘 여기서 행복하자.

03

행복은 잠깐 들르는 손님이다

· 파에톤과 행복 ·

행복만큼 애매모호한 단어가 없다. 도대체 무엇이 행복일까? 좋은 집을 사거나, 직장에서 승진하거나, 이상형을 만나 결혼하거나, 고급 승용차를 타거나, 명품을 들고 다니면 행복할까? 우리는 다른 사람의 행복을 부러워하면서 스스로에게는 '난 정말 불행해'라고 말한다. 하지만 늘 불행하기만 한 것도 아니다.

태양신 헬리오스에게 파에톤이라는 아들이 있었다. 파에톤은 아버지가 누구인지 모른 채 어머니와 같이 살았다. 어느 날 어머니는 파에톤에게 태양신 헬리오스가 아버지라는 사실을 말해 주었다. 파에톤은 아버지를 찾아 먼 길을 떠났다. 그리고 오랜 여정 끝에 드디어 아버지 헬리오스를 만났다.

삶의 궤도를 이탈한 자의 말로

파에톤은 자신의 아버지가 태양신이라는 사실이 무척 자랑스러웠다. 헬리오스는 파에톤에게 소원을 말해 보라고 했다. 그러자 파에톤은 딱 하루만 아버지의 태양 마차를 직접 몰아 보고 싶다고 말했다. 태양 마차는 오직 태양신만 몰 수 있었다. 하지만 파에톤은 확고했다. 태양 마차에서 바라보는 세상은 어떨지 무척 궁금했기 때문이다. 어쩔 수 없이 헬리오스는 아들에게 마차를 내주며 절대로 고삐를 놓지 말라고 몇 번이나 경고했다. 꼭 정해진 길로만 가야 한다는 당부도 덧붙였다. 파에톤은 자랑스럽고 행복한 마음으로 마차에 올라탔다.

태양 마차는 출발했다. 바다 위에 낮게 깔린 구름을 통과해서 드높은 하늘로 거침없이 날아올랐다. 짧은 순간이었지만 파에톤은 세상의 모든 행복을 다 가진 기분이었다. 하지만 파에톤의 행복한 순간은 여기까지였다.

마차의 속도가 점점 빨라지자 마차가 심하게 흔들리기 시작했다. 파에톤의 힘으로는 거친 천마들을 제대로 조종할 수 없었다. 말들은 더욱 미친 듯이 달렸다. 태양 마차는 궤도를 벗어나 점점 높이 올라가다가 결국 하늘의 별자리를 불태웠다. 이에 그치지 않고 마차는 낮게 내려가면서 땅을 불바다로 만들었다.

오비디우스는 에티오피아인의 피부가 까맣게 된 것과 북아프리카 지방에 사막이 생긴 이유가 파에톤 때문이라고 말한다.

"그는 날리는 재와 소용돌이치는 불똥을 더 이상 견딜 수 없었고, 뜨거운 연기에 완전히 휩싸였다. 칠흑 같은 어둠에 덮여 자신이 어디에 있는지, 어디로 가고 있는지 알지 못했고, 날개 달린 말들이 가자는 대로 끌려가고 있었다. 사람들은 아이티오피아 백성이 까맣게 된 것도 그때라고 믿는다. 열기 때문에 피가 살갗의 표면으로 몰려서 그렇게 되었다는 것이다. 그때 열기로 인해 습기를 모두 빼앗긴 탓에 리뷔에는 사막이 되었으며, 그때 요정들도 머리를 풀고 자신들의 샘과 호수들이 없어진 것을 애통해했다."

오비디우스, 《변신이야기》

파에톤은 폭주하는 태양 마차를 어쩔 줄 몰랐다. 결국 이를 보다 못한 제우스가 마차에 번개를 집어 던졌다. 마차는 산산조각이 났고 파에톤은 온몸에 불이 붙어 땅에 떨어져 죽고 말았다.

행복을 위해 반드시
어느 목표에 도달할 필요는 없다.

제우스가 번개를 던지자 마차는 산산조각이 났고 파에톤은 온몸에 불이 붙어 땅에 떨어져 죽고 말았다. 파에톤의 추락은 분수를 모르고 만용을 부리다가 파멸의 길을 걷는 어리석은 인물에 대한 경고다.

〈파에톤의 몰락(Fall of Phaeton)〉, 페테르 파울 루벤스, 1605년경.

파에톤은 자신의 분수를 모르고 만용을 부리다가 파멸의 길을 걷는 어리석은 인물이다. 아버지를 찾은 것만으로도 행복했을 텐데 안타깝게도 파에톤은 무모한 행동을 멈추지 못했다.

꾸준히 행복을 영위하는 법

누구나 행복을 원한다. 그러나 온전한 행복을 누리는 사람은 드물다. 행복이란 어디에서 오는 것일까?

행복을 유지하기란 어렵다. 하루에도 여러 번 행복과 불행 사이를 오간다. 즐거운 순간보다 외롭고 우울하고 짜증 나는 순간이 더 많다. 하지만 행복은 먼 곳에 있지 않다. 마음먹기 나름이다. 행복은 일상의 지극히 작고 사소한 일에서도 충분히 발견할 수 있다. 일상생활에서 행복을 꾸준히 누릴 수 있는 방법은 무엇일까?

영혼의 양식을 먹어라

배가 고프면 밥을 먹는다. 그런데 우리는 영혼이 배고플 때, 행복에 목마를 때는 아무 조치도 취하지 않는다.

마시 시모프는 《이유 없이 행복하라》에서 '영혼을 위한 행복 습관'에 대해 말했다. 마시 시모프는 삶이 기적이라는 생각이 든 순간을 떠올려 보라고 한다. "이른 아침 햇살이 계곡을 가득 채우는 광경을 보았을 때, 갓 태어난 아이를 처음 품에 안았을 때, 빛나는 별이 총총 박혀 있는 밤하늘을 올려다보았을 때"와 같이 삶의 가치가 너무나도 강렬하게 다가와서 경외감을 느끼는 순간, 우리는 우리 존재가 겸허히 낮아진 느낌과 고귀해진 느낌을 동시에 경험한다. 이때가 바로 우리가 영성과 연결되는 상태라는 것이다.

삶이 힘들어 지칠 때 우리는 곧바로 영혼의 양식을 먹어야 한다. 어떤 방식으로든 상관없다. 각자가 좋아하는 일을 찾아서 시작하면 된다. 아주 작은 일부터 시작하라. 예를 들면 가족과 저녁 식사 하기, 드라이브 하기, 친구들 만나서 수다 떨기, 종교 생활 하기, 멋진 곳으로 여행 가기, 미술관이나 음악회에 참석하기, 무작정 어디론가 떠나 보기 등이 있다.

스스로의 행복을 바라고 또 바라라

정말 행복해지고 싶은가? 먼저 스스로가 행복해지기를 바라야 한다. 행복한 데도 의지가 있어야 한다. 사람들에게 당신의 행복을 이야기하라. 타인들이 당신을 응원해 주는 말을 마음에 담고 당신의 행복을 이루어 가라.

행복을 습관화하라

행복은 습관의 문제이자 선택의 문제이다. 아침에 눈을 뜨자마자 행복을 선택하라. 우리는 행복을 선택할 자유도, 불행을 선택할 자유도 있다. 그러므로 확언을 하라.

'나는 오늘 행복을 선택한다.'

'나는 오늘 성공을 선택한다.'

'매일매일 좋은 날이 되고, 행복한 날이 된다.'

또 행복한 일들을 작성해 보자. 아침에는 행복을 위한 기도를 하고 저녁에는 유리병에 오늘 행복했던 일을 적어서 넣어 보자. 행복한 일들이 차곡차곡 쌓여 가는 모습이 보이면 당신의 잠재의식도 행복에 초점을 맞출 것이다. 그러면 어느 순간 행복한 감정을 유지하는 일이 습관이 되어 있을 것이다.

내면의 진정한 행복을 발견하라

성공해서 행복한 게 아니라 행복해야 성공할 수 있다. 우리는 누구나 성공하고 싶어 한다. 하나밖에 없는 인생을 엉망진창으로 살고 싶은 사람은 아무도 없다. 모두가 돈도 많이 벌고 그럴싸한 명예도 갖고 싶어 한다.

하지만 파에톤이 태양 마차의 궤도를 벗어나 신의 영역으로 넘어간 순간 불행해진 것처럼 우리에게도 벗어나서는 안 되는 삶의 궤도가 있다. 그 궤도를 이탈하는 순간 파에톤처럼 불행해진다. 허망한 꿈과 과욕은 금물이다. 돈과 명예같이 외적인 요인에서 만족과 재미를 찾는다면 행복은 잠깐이고 공허함만 남게 될 것이다. 또 허망해질 수 있다. 나의 행복을 먼저 유지하는 전략을 펼쳐라.

철학자 버트런드 러셀은 《행복의 정복》에서 "미래를 주시하면서 앞으로 다가올 결과에 따라 현재의 의미가 결정된다고 생각하는 버릇은 위험하다"라고 말한다. 마흔에 우리는 행복이 자신이 원하는 미래의 어떤 것에 달려 있다고 생각한다. 그런데 만약 막연한 꿈이 실현되지 않아 미래에도 불행해진다면 현재의 모든 불행과 고난은 어떻게 보상받을 수 있을까? 결국 행복을 미래에 두고 있는 사람은 지금 행복하다고 생각할 겨를도 없이 인생을 비극으로 여긴다. 삶의 기쁨을 느끼지 못하고 지금 이 순간을 불행하다고 생각하는 사람에게 그런 미래의 행복은 영영 오지 않기 때문이다. 그래서 러셀은 각각의 부분이 가치가 없다면 그 부분들이 모여 이루어진 전체 역시 가치가 없다고 말한다. 따라서 순간순간의 행복을 모아 갈 때 나의 마흔 이후의 삶, 아니 나의 인생 전체가 행복했었다고 말할 수 있는 것이다.

마음 깊은 곳, 내면의 행복이 중요하다. 내면의 목소리에 귀 기울여라. 진정한 행복은 자신의 마음속에 피어나는 생각이 즐거움으로 가득할 때 시작된다. 행복은 돈으로 얻을 수 있는 것이 아니다. 가족들과 친한 친구들을 만나 따뜻한 커피 한 잔을 마시며 이야기를 나눌 수 있다면 그 자체만으로 참 행복이 아닐까.

04

감사의 부메랑을 던져라

· 케팔로스와 감사 ·

오래전부터 나는 아로마 테라피에 관심이 있었다. 향 또는 향기를 의미하는 '아로마Aroma'와 요법과 치료를 의미하는 '테라피Therapy'의 합성어인 아로마 테라피는 향기 요법이라는 뜻인데 허브 같은 식물에서 추출한 에센셜 오일이 주로 사용된다.

허브 중에는 특히 로즈마리의 향이 좋다. 로즈마리는 라틴어 'Ros(이슬)'와 'Marinus(바다)'의 합성어로 '바다의 이슬'이라는 뜻이다. 로즈마리에서는 은은한 솔잎 향이 나는데, 이 청량하고 상쾌한 향기가 뇌 기능을 활성화시킨다고 한다. 한때 로즈마리 향을 이용한 명상이 각광받은 이유다. 좋은 향을 맡으면 기분이 좋아지고 마음이 편안해진다. 모두 경험해 보았을 것이다. 학부 시절 디자인 수업에서 교수님이 사람은 향기를 통해 기억된다며 자신에게 맞는 향을 찾으라고 말한 것이 아직도 기억에 남는다.

좋은 향기가 나는 사람으로 기억되려면 어떻게 해야 할까? 향수를 판매하는 가게에 가서 판매원에게 자신에게 맞는 향수를 골라 달라고 할 수 있다. 하지만 옷과 몸에 향수를 뿌려서 겉으로 좋은 향기를 풍길지라도 과연 내면에서도 좋은 향기가 날까?

사람을 만나면 눈에 보이지 않아도 느껴지는 분위기가 있다. 마흔이 되니까 말하지 않아도 상대방이 지닌 내면의 향기가 느껴졌다. 그동안 실직, 실연, 사업 실패, 이혼 등으로 불행하고 비참한 시간을 보내는 사람을 만날 기회가 많았다. 일반화할 수는 없지만 힘든 시간을 보내는 대부분의 사람의 마음은 원망, 불평, 불만, 저주 등 부정적인 단어로 가득 채워져 있었다. 그들은 당연히 좋은 향이 날 수 없었다.

사람에게 나는 향을 아우라와 연결하고 싶다. '아우라Aura'란 사람이나 물체가 발산하는 기운을 말한다. 그리스 로마 신화에도 여신 아우라가 등장한다. 산들바람을 신격화한 여신이다. 그녀의 이름은 '미풍, 산들바람, 아침 공기'를 뜻하는 고대 그리스어와 라틴어에서 유래되었다.

오해는 의심을 낳고 비극을 부른다

아름다운 젊은이 케팔로스는 사냥을 무척 좋아했다. 그는 어여쁜 아내 프로크리스와 결혼하여 행복한 생활을 보내고 있었다. 신혼 몇 해 동안 두 사람은 서로를 염려하고 사랑하며 살았다.

프로크리스는 수렵의 여신 아르테미스의 총애를 받는 여인이었다. 아르테미스는 그녀에게 가장 빨리 달리는 사냥개 한 마리와 던지기만 하면 정확하게 사냥감을 꿰뚫는 투창을 선물했다. 프로크리스는 아르테미스에게 받은 두 가지 선물을 남편인 케팔로스에게 주었다.

케팔로스는 사냥에 나가면 시원한 개울가의 나무 그늘에서 휴식을 취하고는 했다. 그는 그곳에 누워 옷을 벗고 서늘한 바람을 맞으며 "어서 오라, 감미로운 아우라(산들바람)여, 어서 와서 내 가슴을 쓰다듬어 다오, 와서 불타고 있는 내 가슴의 열기를 진정시켜 다오!"라고 혼잣말을 했다.

"그대는 나의 큰 낙이오. 그대는 내 원기를 돋워 주고 나를 애무해 주오. 그대 때문에 나는 숲과 한적한 곳을 사랑하오. 내 입술로 언제나 그대의 입김을 느낄 수 있었으면!"

오비디우스, 《변신이야기》

그런데 행인이 케팔로스가 하는 말을 듣고 어떤 처녀와 바람이 났다고 착각하여 이 사실을 아내 프로크리스에게 전달했다. 프로크리스는 케팔로스를 의심하게 되었다. 결국 그녀는 사냥을 나간 남편의 뒤를 몰래 따라갔다. 케팔로스는 아내가 자신을 따라온 줄도 모르고 주위에서 바스락거리는 소리가 들리기에 들짐승인 줄 알고 가지고 있던 투창을 소리가 들리는 쪽으로 던졌다. 프로크리스는 가슴의 상처를 부여잡고 남편에게 "제발 아우라가 나 대신 당신의 아내가 되지 않도록 해 주세요!"라고 간청했다. 케팔로스는 그제야 '아우라'라는 이름에서 오해가 비롯되었음을 알아채고 모든 것을 그녀에게 말해 주었지만 이미 때는 늦었다. 남편의 사랑을 확인하려다가 프로크리스는 결국 죽음을 맞이했다.

바라는 순간부터 감사하라

둘의 사랑 이야기를 통해 사랑하는 사람 간의 신뢰와 믿음이 얼마나 중요한지를 다시 한 번 생각해 보게 된다. 신뢰는 결혼 생활뿐만 아니라 모든 인간관계에서 깨지기 전에 미리 지켜야 하는 것이다.

인간은 관계 속에서 행복을 느낀다. 좋은 관계를 유지하여 행복

〈케팔로스와 프로크리스(Cephalus and Procris)〉, 파올로 베로네세, 1580-1582년.

감사할 일이 가득한 사람에게는
지금의 행복을 의심할 시간이 없다.

사냥을 하던 케팔로스는 바스락거리는 소리에 동물인 줄 알고 창을 던졌다. 케팔로스가 그곳으로 달려가 보니 덤불 속에 숨어 있던 것은 짐승이 아니라 바로 자신의 아내 프로크리스였다.

을 느끼는 효과적인 방법에는 바로 감사하는 마음이 있다. 감사하는 마음은 향기처럼 퍼진다. 자기 자신뿐만 아니라 주위 사람들까지도 기분이 좋아지게 하는 에너지가 된다. 결국 행복의 크기는 얼마나 많은 시간을 감사하는 마음으로 사느냐에 따라 결정된다.

그러나 감사한 마음으로 사는 일이 쉽지 않다. 바라는 일이 이루어졌을 때 감사하는 일은 당연하다. 인생이 잘 풀릴 때 감사하지 못할 사람이 어디 있겠는가? 하지만 인생이 언제나 내 뜻대로 흘러가지는 않는다. 감사보다는 불평과 불만, 원망이 생길 수밖에 없다. 그럼에도 무언가를 바라는 순간부터 감사할 수 있어야 한다. 미리 감사하는 것이다. 미리 감사하여 이미 이루어졌다고 생각하라. 이런 생각은 바라는 일이 이루어지는 데 필요한 힘을 모아 주는 에너지원으로 작용한다.

어릴 때 가지고 놀던 'V' 모양의 부메랑이 있었다. 부메랑은 목표물에 맞지 않으면 되돌아오는 성질이 있어 잘못하면 던진 사람이 다칠 수도 있다. 그래서 의도를 벗어나 오히려 위협적인 결과로 다가오는 상황을 '부메랑 효과'라고 한다.

당신은 감사의 부메랑을 던질 것인가? 아니면 원망과 저주의 부메랑을 던질 것인가? 선택은 자신의 몫이다. 일이 잘되도 감사하고 잘 안될 때도 감사하자. 감사할 수 없는 상황일지라도, 고통스럽고 원망스러운 시련을 겪을지라도 감사하는 마음을 가져야 한다. 그래야 감사의 부메랑을 돌려받을 수 있다.

감사하지 못하는 이유는 현재 내가 받은 축복이 없다고 생각하거나 마음에 여유가 없어서 감사할 시간도 없다는 핑계를 대기 때문이다. 하지만 마음에 여유가 없어서 감사하지 못하는 것이 아니다. 감사하지 않기 때문에 마음에 여유가 없는 것이다.

동기와 영감을 주는 자기 계발 명강사이자 세계적으로 유명한 베스트셀러 작가인 조 비테일 박사는 "모든 걸 가진 당신이야 쉽게 감사할 수 있겠죠. 하지만 제게는 아무것도 없어요"라는 말을 들을 때면 자신도 처음부터 모든 것을 갖고 있지는 않았다고 답한다. 또한 가진 것이 적었던 예전에 미리 감사하는 법을 배우지 못했다면 지금도 얼마나 감사한지 모른 채로 살고 있었을 것이라고 한다. 그는 이에 대해 '그때 가서 감사하지 신드롬'이라고 부른다고 말했다. 많은 사람이 모르는 사실이 있다. 지금 감사하지 못하면 자신의 능력을 마음껏 발휘할 수 없고, 결국 원하는 그 무엇도 얻지 못하게 된다는 사실이다. 이들에게는 감사할 때 생기는 긍정적인 에너지가 없기 때문에 원하는 걸 놓칠 수밖에 없다고 박사는 말한다.

잘 생각해 보면 감사할 일이 아예 없는 것은 아니다. 매일 아침 눈을 뜨는 것부터 이미 감사할 일이다. 살아 있다는 자체만으로, 사랑하는 가족이 곁에 있다는 사실만으로 우리는 감사할 수 있다.

감사하기 위한 조건이 이미 충분하다. 감사는 마음속에 존재하고 행복은 우리가 감사하는 태도에서 시작된다.

하루의 시작과 끝에서 감사하는 마음을 가져라. 감사는 기적을 만들고 신의 축복을 확인시켜 주는 만능열쇠다. 모든 것에 감사해 보라. 그리고 기억하라. 감사는 행복의 문을 열어 주는 마스터키라는 사실을 말이다.

05

조급하게 서두르지 마라

· 오르페우스의 동반자 ·

《성경》〈구약〉에 나오는 멸망한 소돔과 고모라 성에 관한 이야기를 들어 본 적이 있는가? 이 이야기가 유명한 까닭은 소금 기둥이 되어 버린 롯의 아내 때문이다. 롯의 아내는 소돔 성에 두고 온 재물에 대한 미련과 집착을 버리지 못해서 뒤돌아보지 말라는 명령에도 불구하고 뒤를 돌아보았다가 소금 기둥으로 변했다. 이처럼 뒤를 돌아봐서 불행한 결과를 초래한 이야기가 그리스 로마 신화에도 있다.

서두르다 잃어버린 희망과 사랑

태양의 신이자 음악의 신 아폴론과 뮤즈 칼리오페의 아들인 오르페우스는 그리스 로마 신화에서 최고의 연주자이자 가수였다. 그가 아버지 아폴론에게 선물로 받은 황금 리라를 연주하면 사람들은 모두 감동하여 눈물을 흘렸다.

오르페우스는 물의 님프인 에우리디케와 행복한 신혼 생활을 즐기고 있었지만 그 기쁨도 잠깐이었다. 에우리디케가 물의 요정들을 데리고 풀밭을 거닐고 있었는데 그녀의 아름다움에 반한 아리스타이오스라는 양치기가 사랑을 얻기 위해 귀찮게 말을 걸었다. 양치기 아리스타이오스에게 쫓겨 도망치던 에우리디케는 불행하게도 독사에게 발목을 물려 죽고 말았다. 오르페우스는 사랑하는 아내를 잃은 슬픔을 애절한 곡조로 노래했지만 이미 죽은 아내는 돌아오지 않았다. 결국 노래만으로는 아무런 소용이 없다는 것을 깨달은 오르페우스는 저승으로 내려가 에우리디케를 데리고 오리라고 결심했다.

슬픔에 잠긴 오르페우스는 저승으로 내려가는 타이나루스의 문을 지나 저승에 흐르는 강 스틱스까지 내려갔다. 그는 지하 왕국을 다스리는 왕 하데스와 왕비 페르세포네에게 다가가 리라의 현을 치며 이렇게 노래했다.

"내가 이리로 온 것은 아내 때문입니다. 발에 밟힌 독사가 그녀에게 독을 퍼뜨려 그녀의 꽃다운 청춘을 앗아 갔으니까요. 나는 참고 견딜 수 있기를 바랐고, 아닌 게 아니라 또 그렇게 하려고 노력도 해 보았습니다. 하지만 아모르가 이겼습니다. (중략) 너무 일찍 풀린 에우뤼디케의 운명의 실을 다시 짜 주십시오."

오비디우스, 《변신이야기》

오르페우스는 하데스에게 그녀를 선물로 달라는 것이 아니라 잠시 빌려 달라고 말했다. 왜냐하면 수명이 다하는 날 그녀는 어차피 저승의 왕 하데스의 지배를 받게 될 것이기 때문이다. 만약 운명이 에우리디케에게 그런 은혜를 베풀지 않는다면 자신도 단연코 지상으로 돌아가지 않을 것이라고 맹세했다.

오르페우스의 애절한 노래와 리라 연주는 저승의 신 하데스를 감동시켜 눈물을 자아냈다. 마침내 사랑하는 아내 에우리디케를 지상으로 데려가도 좋다는 허락을 받아 냈다. 하지만 오르페우스가 아내를 데리고 저승의 골짜기를 떠날 때까지 절대로 뒤를 돌아보아서는 안 된다는 한 가지 조건이 붙었다.

오르페우스는 아내 에우리디케가 힘이 달리지는 않을지, 잘 뒤따라오고 있는지 걱정이 되었다. 가파른 오르막길을 오르며 아내의 이름을 불렀으나 에우리디케에게서는 답이 돌아오지 않았다.

칠흑같이 어두운 지하 세계에서 손이라도 잡고 있었다면 덜 걱정했겠지만 에우리디케를 만질 수도, 볼 수도, 부를 수도 없었다. 에우리디케는 죽은 사람이었기에 육신이 없는 영혼의 상태였다. 오르페우스는 지하 세계를 통과할 때까지 절대로 뒤돌아보면 안 된다는 약속을 지켜야만 했다. 그가 뒤를 돌아보면 아내를 데려와 예전처럼 함께하기 위해 쌓았던 모든 노력이 물거품이 되기 때문이었다.

그런데 지상에 거의 도착했을 무렵, 뒤를 절대로 돌아봐서는 안 된다는 약속을 까맣게 잊은 오르페우스는 사랑하는 아내를 보고 싶은 마음을 주체하지 못하여 그만 뒤를 보고 말았다. 그 순간 에우리디케는 안개로 변하여 다시 지하 세계로 돌아갔다. 오르페우스가 다시 팔을 뻗어 그녀를 잡으려 했지만 모든 일이 물거품이 된 후였다.

오비디우스의 《변신이야기》에는 오르페우스가 아내 에우리디케와 함께 지하 세계를 탈출하려는 긴박한 상황이 잘 묘사되어 있다.

"그들은 소리 없는 적막을 지나 오르막길로 올라갔다. 그 길은 가파르고, 식별이 안 되고, 짙은 안개에 싸여 있었다. 이제 그들은 대지의 맨 바깥 표면에서 그리 멀지 않은 곳에 있었다. 그곳에서 사랑하는 남자는 아내가 힘이 달리지 않을까 걱정도 되고 아내를

〈오르페우스와 에우리디케(Orpheus and Eurydice)〉, 조지 프레데릭 왓츠, 1870-1880년.

내가 무슨 일을 하려고 하는지
내 안의 성급함이 모르게 하라.

절대 뒤를 돌아보아서는 안 된다는 약속을 까맣게 잊은 오르페우스는 사랑하는 아내를 보고 싶은 마음이 앞서 그만 뒤를 보고 말았다. 팔을 내밀어 그녀를 잡으려 했지만 잡히는 것은 뒤로 물러나는 바람뿐이었다.

보고 싶기도 하여 뒤돌아보고 말았다. 그 순간 그의 아내도 도로 미끄러졌다. 그는 팔을 내밀어 그녀를 잡고 자기는 잡히려 했으나, 불행히도 그의 손에 잡히는 것은 뒤로 물러나는 바람뿐이었다."

오르페우스에게 아내는 언제나 함께하고 싶은, 삶의 세계를 넘어 죽음의 세계에서도 함께하고 싶은 사랑이었다. 왜 그는 뒤돌아 봤을까? 조금만 참았으면 다시 사랑하는 아내와 행복한 삶을 살 수 있었을 텐데 말이다.

서로를 향하되
같은 방향을 바라보라

오르페우스는 에우리디케를 사랑했다. 그녀와 오랫동안 함께하고 싶었던 오르페우스는 에우리디케를 다시 만나기 위해 죽음을 각오하고 저승까지 찾아갔다. 이는 아무나 할 수 없는 일이다. 오르페우스는 사랑하는 사람과 함께하는 시간이 얼마나 소중하고 간절한 것인지를 몸소 보여 주었다.

지금 이 순간 내 곁에 사랑하는 사람이 있다는 사실은 정말 감사한 일이다. 그리고 이에 더해 사랑하는 사람과 한평생 부부로 산다는 것은 신이 주신 축복이다. 하지만 사랑하는 사람이 항상 곁에 있음을 감사하게 여기기보다 당연하게 여길 때가 더 많다.

일과 사람 사이에서, 삶의 치열함과 인생의 덧없음 사이에서 방황하느라 정작 늘 나의 곁을 지키는 배우자의 소중함을 잊고 있었던 것이다.

하지만 멀어지고 틀어진 부부 관계를 회복하기 위해 억지로 서두를 필요는 없다. 순탄치 않은 삶에서 벌어지는 부정적인 상황은 두 사람을 오히려 성공적이고 완성된 관계로 이끌기 때문이다. 우리는 상처를 받은 만큼 성장하고 함께하는 시간의 소중함을 깨닫는다.

칼이 무뎌지면 숫돌에 갈듯이 남편과 아내는 서로에게 무뎌진 마음을 서서히 다듬어 주는 숫돌이 되어야 한다. 비록 칼날을 숫돌에 가는 동안 칼과 숫돌 모두 조금씩 닳아 없어지며 커다란 고통과 상처를 마주하겠지만, 그 과정에서 상처를 치유하고 앞으로 나아갈 수 있다. 칼날이 무딘 채로 성급하게 관계를 좁히려고 하면 오히려 상처는 치유되지 않고 흉터만 오랫동안 남는 법이다.

작가 게리 채프먼은 《5가지 사랑의 언어》에서 '함께하는 시간'이란 상대방에게 온전히 관심을 집중하는 것이라고 말했다. 그저 함께 소파에 앉아 TV를 보는 것이 아니라 마주 보고 대화하면서 서로에게 관심을 집중하는 것이다. 둘만이 오붓하게 대화하며 산책을 한다든지, 외식을 하는 것이 그 예다.

아이가 태어난 후로 아내와 손잡고 걸을 기회가 많이 줄었다.

한 사람은 유모차를 밀고 다른 한 사람은 짐을 들어야 한다. 아이에게 둘만의 오붓한 데이트 시간마저 빼앗겨 버린 기분이다. 연애할 때는 손잡거나 팔짱을 끼고 걷는 일이 당연했는데 말이다.

생텍쥐페리는《인간의 대지》에서 이렇게 말했다.

"우리 외부에 있는 공동의 목적에 의해서 형제들과 이어질 때, 오직 그때에만 우리는 숨을 쉴 수 있다. 우리는 경험을 통해 알고 있다. 사랑한다는 것은 서로가 서로를 바라보는 것이 아니라 같은 방향을 함께 바라보는 것임을. 동료란 도달해야 할 같은 정상을 향하여 한 줄로 묶여 있을 때에만 동료이다."

진정한 사랑이란 같은 목적과 꿈을 향해 나아가는 것이다. 서로만 바라보거나 누군가 너무 앞서거나 너무 뒤쳐져도 안 된다. 그러면 오르페우스처럼 뒤돌아보는 일이 생긴다.

사랑이란 두 사람이 함께하는 여행이다. 혹시 함께하고 있지만 마음 한구석이 공허하다면 서로를 향한 진심 어린 관심이 없기 때문일 수 있다. 마주 보며 이야기하지만 서로에게 집중하지 않고 핸드폰만 보고 있다면 몸은 함께여도 각자의 마음은 혼자인 것과 다름없다. 사랑했다면 또 사랑한다면 서로 노력이 필요하다. 상대방의 말에 진심으로 경청하는 태도가 필요하다. 사랑하는 아내 또는 남편과 함께할 수 있는 일이나 취미를 찾아보기를 추천한다.

누군가 특별한 사람을 만나 영원히 행복하게 살 것만 같았다.

그러다가 생각했던 것보다 감미롭지 못한 상황에 맞닥뜨리게 될 때 우리는 그 사랑에 실망했다.

사랑은 무엇이고, 어떻게 해야 하며, 왜 우리는 사랑해야 하는가에 관해 이야기하는 것처럼 진부한 표현도 없는 것 같다. 하지만 사랑이라는 단어에는 그런 진부함에도 위대한 힘이 들어 있다. 사랑은 삶에 깊은 존재의 의미를 부여하는 힘이자 삶의 큰 가치다. 사랑 없이 산다는 것은 너무나 슬픈 일이다. 사랑하는 사람과 함께하는 것은 이번 지구별 여행에서 우리에게 주어진 소명이라는 것을 깨달아야 한다.

06

남을 사랑하기에 앞서 자신부터 사랑하라

· 나르키소스의 자기애 ·

우리는 자신을 향한 타인의 평가에 관심이 많다. 자신이 원하는 삶을 살기보다는 타인의 기대에 부응하기 위한 삶을 산다고 말해도 과언이 아니다. 타인에는 가깝게는 부모님, 형제자매, 아내, 친구, 직장 동료나 상사 등이 있다. 인간에게는 생애 주기에 따라 기대되는 것들이 있다. 20대 때는 좋은 대학을 나오는 것, 30대 때는 좋은 직장에 다니는 것 등이다. 그렇다면 마흔을 지나는 우리에게 으레 이럴 것이라고 기대되는 것들에는 무엇이 있을까?

마흔은 타인에게 인정받고 싶은 욕망이 다른 어느 시기보다 강하다고 할 수 있다. 우리는 다음 질문을 스스로에게 던지며 하루하루 전쟁과 같은 삶을 보내고 있다.

"과연 나는 다른 사람들만큼 삶을 잘 살아가고 있는 것일까?"

"과연 나는 올바른 선택을 한 것일까?"

마흔은 남들보다 뒤처지고 있다는 생각이 감당할 수 없는 두려움으로 다가오는 때다. 가끔은 과거에 세웠던 기준을 채우지 못해 마흔의 삶을 후회로 가득 채우게 된다. 왜 우리는 타인의 눈치를 보며 남들의 기준에 맞추어 살고 있을까? 우리가 불필요한 인간관계를 맺으면서까지 남의 기준에 맞추어 사는 이유는 무엇일까?

타인에게 인정받고 싶은 욕망 때문이다. 물론 타인에게 인정받고 싶은 마음이 목표를 성취할 때 필요한 자극제가 된다면 더할 나위 없이 좋은 일이다. 자신이 원하는 삶이 아닌 타인의 기대에 맞춘 삶을 살고 있더라도 성공할 경우에는 한없이 기쁠 것이다. 그러나 실패할 경우에는 조금만 기대에 어긋나도 타인을 향한 원망과 자신에 대한 깊은 좌절감에서 헤어나오기 어렵다.

마흔은 성장하기 위해 스스로 선택하고 책임을 져야 하는 나이다. 마흔의 선택은 어느 때보다 자신의 몫이다. 이제 더는 누군가가 대신 선택해 주지 않는다. 마흔에는 삶의 기준점을 어디에 둘 것인지 항상 고민해야 한다.

내 생각만 옳다고 주장한다면 사람들은 당신을 편협한 이기주

의자라고 생각할 것이다. 반대로 남들의 기준에 맞추어 산다면 줏대 없는 인간이라고 당신을 무시할 것이다. 결국 이럴 수도 저럴 수도 없게 된다.

우리는 관계 속에서 행복을 느끼는 존재이면서도 가끔씩 혼자 지내는 편이 더 낫다는 생각에 사로잡힌다. 관계로 인해 고통스러울 바에야 혼자서 시간을 보내는 편이 더 행복하다고 여긴다. 하지만 인간은 혼자 살 수 없는 존재다. 지난날을 돌이켜 볼 때 가장 행복한 추억은 사랑하는 사람과 함께한 시간이기 때문이다. 건강한 관계 안에서 인정을 주고받기 위해서는 무엇이 필요할까?

나 자신이
중심이 되는 삶

그리스 로마 신화에는 물에 비친 자신의 아름다움에 반하여 자신에게 사랑에 빠진 미소년 나르키소스의 이야기가 있다. 나르키소스는 강의 신 케피소스와 검푸른 물의 요정 리리오페의 자식이다. 나르키소스가 태어나자 리리오페는 예언자 티레시아스에게 아들의 운명에 관해 물었다. 그러자 운명을 점치는 예언자는 "나르키소스가 자신을 알지 못한다면 오래 살 것이오"라고 말했다.

나르키소스는 얼굴이 매우 아름다운 미소년이었기에 많은 인간과 님프로부터 사랑을 받았다. 하지만 자존심이 강한 그의 눈에 세상의 사랑은 눈에 차지 않았다. 나르키소스는 지고지순하게 자신을 사랑했던 에코를 비롯해 물의 요정들, 산의 요정들, 그리고 남자 친구들을 멸시하고 그들에게 퇴짜를 놓았다.

나르키소스에게 사랑을 거절당한 한 여인이 복수의 여신 네메시스에게 나르키소스도 사랑의 고통을 겪게 해 달라고 간청했다. 네메시스는 그 간청을 들어주었고 결국 나르키소스는 자신의 모습을 보면 결코 죽음을 피할 수 없는 운명이 되었다.

그러던 어느 날 나르키소스는 사냥을 하다가 목이 말라서 은빛 물이 반짝이는 숲속의 샘에 갔다. 그는 물을 마시려고 몸을 구부렸다가 물에 비친 자신의 모습을 보고는 물속에 사는 아름다운 님프라고 생각했다. 그는 자신의 얼굴과 사랑에 빠지고 말았다. 오비디우스의 《변신이야기》에서는 나르키소스가 자기 자신과 사랑에 빠진 상황을 이렇게 묘사한다.

"물을 마시다 물에 비친 아름다운 모습을 보고 그것에 끌려 실체 없는 희망을 사랑하게 되었고, 그림자에 불과한 것을 실체로 여겼던 것이다. 나르킷수스는 자기 자신을 보며 찬탄했고, 파로스산 대리석으로 만든 조각상처럼 꼼짝 않고 같은 표정을 지었다."

나르키소스는 물에 비친 그림자의 모든 면에 감탄했고 자신도 모르게 사랑의 열병에 시달리게 되었다. 샘물에다 입을 맞추려 했지만 입을 맞출 수 없었던 것이 몇 번이었던가. 그림자가 자신인지도 모른 채 목을 팔로 껴안으려고 했지만 껴안지 못한 것이 몇 번이었던가. 자신의 모습인 줄도 모르고 자신을 자꾸 피하기만 하는 그림자 때문에 애가 탄 나르키소스의 심정을 오비디우스는 이렇게 표현한다.

"오오! 숲들이여, 사랑의 고통을 일찍이 나보다 더 잔인하게 느껴 본 자가 있는가? (중략) 나는 사랑하여 바라보지만, 내가 바라보고 사랑하는 것을 찾을 수가 없구나. 나는 사랑으로 인해 그만큼 혼란에 빠졌구나. 그리고 나를 더욱더 슬프게 하는 것은, 우리를 갈라놓는 것이 넓디넓은 바다도, 길도, 산도, 성문 닫힌 성벽도 아니라는 것이다. 많지 않은 물이 우리를 떼어 놓고 있구나. 그 자신도 안기기를 원한다. 내가 맑은 물을 향해 입술을 내밀 때마다 그도 얼굴을 위로 한 채 나를 향하여 입술을 내미니까 말이다."

결국 나르키소스는 샘에서 한 발짝도 떠나지 못하고 물에 비친 자신의 모습만 계속 들여다보다가 샘물에 빠져 죽었다. 그가 죽은 자리에서 한 송이 꽃이 피어났는데 그 꽃의 이름은 그의 이름을 따서 나르키소스라고 부른다. 우리말로 수선화다.

자기애를 지칭하는 정신 분석학적 용어인 '나르시시즘'이 이 신화에서 유래되었다. 그래서 자신이 남보다 우월하다고 자아도취에 빠진 사람을 '나르시스트'라고 부른다.

그럼에도 불구하고
다른 누구보다 나를 우선시하라.

나르키소스는 자기 자신에게 도취해 있다. 물에 비친 자신의 모습을 보고 사랑에 빠진 것이다. 자기 자신과 사랑에 빠지는 벌을 받아 결국 물에 빠져 죽은 나르키소스는 후에 수선화로 피어난다.

〈나르키소스(Narcissus)〉, 미켈란젤로 메리시 다 카라바조, 1597-1599년.

타인에게 의지하지 말고 있는 그대로 바라보라

건강한 관계 안에서 인정을 주고받으려면 한 가지 전제 조건이 있다. 바로 높은 자존감이다. 자존감이 높은 상태에서는 나 자신이 중심이 되는 삶을 살기 때문에 성공해도 내가 기쁘고 실패해도 내가 책임지면 그만이다. 이런 경우에는 타인에게 인정받고 싶은 마음이 일을 성취할 수 있도록 돕는 동기로도 작용한다.

타인의 인정을 받으려고 하기보다 자신이 진정으로 원하는 일이 무엇인지를 잘 생각해 보아야 한다. 바로 이 생각이 남의 기준에 맞추어 살지 않도록 도와준다. 나를 가장 사랑하고 인정해야 하는 존재는 바로 나 자신이다. 타인의 인정에 의지하면 의지할수록 더 불안해질 뿐이다.

관계를 맺고 유지하는 일은 화초를 키우는 일과 비슷하다. 화초를 잘 키우려면 물도 주고, 벌레도 잡아 주고, 햇볕이 잘 들도록 위치도 바꿔 주고 매일매일 관심을 가져야 한다. 방치했다가는 금방 말라 죽기가 십상이다. 이처럼 나 자신과의 관계에도 지속적인 관심이 필요하다. 나와의 관계를 위해 노력해야 한다.

자신이 원하는 삶을 사는 사람들은 남을 사랑하기에 앞서 자기 자신을 먼저 열정적으로 사랑했다는 공통점이 있다. 그래서 매 순간 자신에게 집중했다. 어디 몸이 아픈 곳은 없는지, 근심과 걱정에 빠질 정도로 고민하는 것이 무엇인지, 잘못된 인간관계로 상심에 빠진 자신을 위해 무엇을 할 수 있는지 등을 생각했다.

내가 사라지면 이 세상도 존재하지 않는다. 그만큼 나 자신은 소중한 존재이다. 세상의 중심에서 나를 외쳐야 한다. 누구도 내 인생을 대신 살아 줄 수 없으니 남의 기준에 맞추어 사느라 에너지를 낭비할 이유가 없다. 나를 위한 삶이 무엇인지 항상 고민해야 한다. 자신을 진정으로 사랑하는 나르키소스가 되자. 비록 남들이 자아도취적이라고 비난할지라도 말이다.

로마 제국의 16대 황제인 마르쿠스 아우렐리우스는《명상록》에서 누가 너에게 강요하는 대로, 또는 누가 네게 원하는 대로 어떤 것을 보지 말라고 말한다. 다시 말해 모든 것을 있는 그대로 보라는 것이다.

마흔에 이르러 우리는 비로소 진정한 어른이 된다. 어른의 삶을 시작하기 위해서는 이제 이 세상의 문제를 스스로 해결할 수 있는 존재가 되어야 한다. 마흔은 한 가정을 이끄는 부모로서, 점점 약해지는 부모님을 부양하는 자식으로서, 한 직장의 중역으로서, 한 사업체를 이끄는 대표로서 막중한 책임을 지니고 있다. 가끔 세상의 모든 짐을 짊어지고 있다는 생각으로 두려움과 불안감에 직면하기도 한다. 이럴 때일수록 타인이 강요하는 대로, 누군가 원하는 대로 살아서는 안 된다. 누군가에게 의지하지 말고, 모든 것을 있는 그대로 바라볼 수 있게 평정심을 가져야 한다.

마흔이라는 시기에 필요한 것은 삶이 우리에게 무언가를 해 주기를 그저 바라는 인내가 아니라, 스스로 삶을 극복하고 성장해 가려는 태도이다.

3장

어떤 사람이 되어야 하는가

관계의 신화

모든 가치 평가에서 벗어나라

• 프로크루스테스의 고정 관념 •

영국의 철학자이자 경제학자인 존 스튜어트 밀은 《자유론》에서 "오늘날 대중의 여론에는, 특히 조금이라도 튀는 개성을 용납할 수 없게 만드는 한 가지 특징이 있다"라고 말했다. 또 "왜 다수가 선호하는 취향과 생활 방식만이 용납되고, 다수에 속하지 않은 소수의 사람들은 다수의 취향과 생활 방식을 따라 살아가도록 강요당해야 하는 것인가?"라고 물었다.

사람은 각기 다르고 모두 각자의 취향이 있다. 그런데 모든 사람을 하나의 틀에 맞추려고 한다면 부작용이 생기지 않을 수 없다. '다르다'와 '틀리다'는 동의어가 아님을 알면서 항상 같다고 착각한다. 혹시 다른 성향이나 개성을 지닌 사람들을 이해하지 못하고 무시하는가? 이는 나만 무조건 옳다고 생각하는 태도에서 기인한다. 자신과 다른 생각은 모두 잘못된 것으로 보기 때문이다.

이는 마치 프로크루스테스가 각 개인의 창조적 생각을 침대에 올려놓고 톱으로 잘라 내는 모습과 같다.

함부로 정한 틀에는 누구도 담을 수 없다

테세우스라는 영웅이 있었다. 로마 제정기의 그리스 철학자이자 저술가인 플루타르코스는 《플루타르코스 영웅전 전집》에서 테세우스에 관해 이렇게 말했다.

"이렇듯 거룩한 영웅 앞에 맞설 자가 누구냐. 그 어떤 사람을 영웅과 맞서게 할 것인가."

플루타르코스는 아테네를 일으켜 세운 테세우스가 로마를 세운 로물루스와 견줄 수 있을 만큼 위대한 영웅이라고 표현했다.

영웅 테세우스는 아테네의 왕 아이게우스의 아들이다. 테세우스가 태어나기 전, 자식이 없었던 아이게우스는 신탁을 받으러 델포이 신전을 찾아갔다. '아테네로 돌아갈 때까지 절대로 포도주의 가죽 부대를 열지 말라'는 신탁을 받았지만 아이게우스는 그 의미를 이해하지 못했다. 친구이자 트로이젠의 왕인 피테우스를 찾아가 조언을 구했다.

피테우스는 신탁의 의미가 '아테네로 돌아가면 자식이 생긴다'라는 사실을 알았지만 알리지 않았다. 아이게우스에게 술자리를 베풀어 취하게 만든 후에 자신의 딸 아이트라를 침실로 들여보냈다. 이렇게 해서 태어난 아이가 바로 테세우스다.

아이게우스는 아이트라가 임신한 사실을 알고 아테네로 떠나기 전에 커다란 바위가 있는 곳으로 그녀를 데려갔다. 그는 바위를 들어 올리고 그 밑에 자신의 칼과 신발을 넣었다. 아이트라에게 아이가 바위를 들어 올릴 만큼 자라면 이 증거물과 함께 아테네로 보내라는 당부를 남기고 트로이젠을 떠났다.

테세우스는 열여섯 살이 되었다. 바위를 들어 올릴 만큼 성장한 그는 바위 밑에서 칼과 신발을 꺼내 들고 친아버지 아이게우스를 만나기 위해 떠났다. 그 무렵 테세우스는 그리스 전역에서 악당과 괴물을 모두 퇴치해 명성을 떨치고 있던 헤라클레스를 존경했다. 헤라클레스처럼 업적을 쌓기 위해 쉬운 바닷길이 아닌 온갖 괴물과 악당이 들끓는 위험하고 모험적인 육로를 선택했다.

프로크루스테스는 테세우스가 마지막 모험에서 만난 악당이었다. 바다의 신 포세이돈의 아들로 알려진 이 악당은 아테네 근처

〈아이트라가 아들 테세우스에게 아버지가 칼을 감추었던 곳을 보여 주다
(Aethra Showing her Son Theseus the Place Where his Father had Hidden his Arms)〉,
니콜라 기 브르네, 1768년.

모험이란 나의 운명을 스스로 완성하려는 위대한 시도다.

테세우스는 청년이 되자 묵직한 바위를 들어 올려 아버지 아이게우스가 신표로 남긴 칼과 신발을 찾는다. 이제 그는 신표를 가지고 아버지가 있는 아테네로 모험을 떠난다.

케피소스 강가에 여인숙을 차려 놓고 살았다. 그의 집에는 쇠로 만든 침대가 있었다. 그는 지나가는 여행자들을 붙잡아 그 침대 위에 눕혀 묶어 놓고 침대보다 키가 작은 사람은 억지로 몸을 늘여서 죽이고, 반대로 침대보다 키가 큰 사람은 침대 길이에 맞게 다리나 목을 잘라 죽였다. 테세우스는 프로크루스테스를 붙잡아 그가 사람들을 죽이는 방식대로 침대에 눕혀 잘라 죽였다.

프로크루스테스의 침대를 치우는 법

프로크루스테스의 이름은 '잡아당겨 늘이는 자'라는 뜻이다. 심리학에서 쓰이는 '프로크루스테스의 침대'라는 용어는 이 신화에서 유래했다. 자기가 세운 일방적인 기준과 틀에 다른 사람을 강제로 끼워 맞추려는 독단과 아집을 나타낼 때 이 용어를 사용한다.

다른 사람의 생각이 어떤지는 상관없이 나만의 절대적인 기준으로 타인의 생각을 뜯어고치려는 경우를 많이 볼 수 있다. 어떻게 해야 나만 옳다는 고정 관념에서 벗어날 수 있을까?

상대를 너그럽게 용서하라

사랑하는 마음이란 용서하는 마음이다. 그러므로 사랑한다면 그 사람의 사소한 결점들을 눈감아 줄 수 있어야 한다. 조금 더 너그럽게 대해도 괜찮다. 관계에서 조금 더 너그러운 마음을 가질 때 상대방과 잘 소통할 수 있다.

나와 다른 잣대를 들이대지 마라

이중 잣대란 자기 자신에게는 관대하고 남에게는 엄격한 자세를 말한다. 우리 속담에 "귀에 걸면 귀걸이, 코에 걸면 코걸이"라는 말이 있다. 상황에 따라, 둘러대기에 따라 다르다는 말이다. 자기가 편한 대로 해석하는 아전인수식 태도는 지양해야 한다.

이분법으로 판단하지 마라

모든 문제를 흑이 아니면 백, 선이 아니면 악으로 간주하는 흑백논리식 사고는 관계에 걸림돌을 만들고 각 개인의 잠재력을 갉아먹는다. 특히 현대 사회는 다양성이 경쟁력인 시대다. '내 편은 무조건 옳고, 네 편은 무조건 틀렸다'는 이분법적 논리는 시대의 흐름과 맞지 않다. 나와 다르다고 하더라도 타협하고 받아들일 수 있어야 한다.

자기 안의 독창성을 발견하라

바닷물이 썩지 않는 이유는 3퍼센트의 소금 때문이라고 한다.

반면에 인간의 삶은 고여서 썩은 물이 될 수 있다. 과거의 것을 맹목적으로 추구하는 사람은 무조건 자신의 말과 행동이 옳다고 믿는다. 이런 부류의 사람들은 기계적인 사고방식에 빠지기 쉽다.

일단 자신의 옳고 그름을 주장하기 전에 인생의 소금 같은 자신의 개성을 발견하는 일에 집중하고 자신의 개성과 재능을 잘 발휘하는 창의적인 사람이 되기 위해 노력할 수 있어야 한다.

존 스튜어트 밀은 독창성이 인간에게 해 줄 수 있는 첫 번째 기여는 "그들의 눈을 뜨게 해 주는 것"이라고 말한다. 그는 "독창적인 사람이 될 기회를 얻기 위해서 우선적으로 해야 할 것은 만일 누군가가 어떤 것을 처음으로 하지 않았다면, 아무것도 행해지지 않았을 것임을 상기시키는 것"이라고 말한다. 즉 "이 세상에 존재하는 모든 좋은 것이 독창성의 결과물들이라는 것"을 인식시키는 것이다.

다양한 관점으로 세상을 바라보라

지금까지 살아오면서 의미를 부여했던 모든 가치에서 벗어나자. 자유정신의 핵심은 세상을 바라보는 다양한 관점이다. 이는 우리의 삶과 세계를 있는 그대로 볼 수 있도록 도와준다.

지금까지 프로크루스테스의 침대처럼 편견이나 고정 관념에 매여 살았다면 이제는 내려놓자. 무엇보다도 서로의 다름을 인정할 수 있어야 한다. '나는 항상 옳다'는 생각에 사로잡혀 있는가? 그 순간 관계는 끝을 향한다는 사실을 명심하라.

02

나를 비우고 상대에게 스며들어라

· 헤르메스의 화술 ·

누구나 다른 사람과 좋은 관계를 맺고 싶어 한다. 관계의 진전은 서로가 서로를 어떻게 대면하는지에 달려 있다. 다시 말해 타인과 좋은 관계를 맺기 위해서는 소통이 잘되어야 한다. 그러나 마흔에 이르러도 여전히 타인과의 관계를 유지하는 데 서툴고 소통에서 빈번한 문제를 마주한다. 부모와 자식, 배우자, 친구, 직장 상사나 동료와의 소통 문제는 흔한 현상이다. 여태껏 지나온 시간을 되돌아보면 서툰 소통으로 관계가 틀어져 생긴 상처와 후회가 발자취처럼 남아 있다.

어떻게 하면 다른 사람과 좋은 관계를 맺고 잘 어울려 살아갈 수 있을까?

사람의 마음을 끌어당기는 가장 좋은 방법

그리스 로마 신화에는 소통에 아주 능통한 헤르메스라는 신이 등장한다. 제우스와 숲의 요정 마이아의 아들인 헤르메스는 올림포스 12신 중 하나로 전령의 신, 상업의 신, 사기꾼의 신, 웅변의 신, 국경을 넘나드는 여행자를 보호하는 신 등으로 역할이 다양하다.

그중에서도 도둑의 신을 관장하기도 하는 헤르메스는 태어나자마자 요람에서 기어 나와 도둑질을 했다. 한 일화로 헤르메스는 아폴론이 키우는 소 떼를 몽땅 훔친 적이 있다. 소 떼가 없어졌다는 사실을 뒤늦게 알아차린 아폴론은 소 떼를 돌려 달라고 요구했다. 그런데 헤르메스는 자신은 모르는 일이라고 시치미를 뗐다. 사건의 전말을 알게 된 제우스는 헤르메스에게 당장 소 떼를 돌려주라고 명령했다. 입장이 곤란해진 헤르메스는 거북이의 등껍질로 만든 악기 '리라'를 아폴론에게 선물했다.

음악의 신이기도 한 아폴론은 아름다운 리라 소리를 듣고 이성을 잃었다. 올림포스 신들 사이에서 가장 이성적인 아폴론이 이성을 잃을 정도로 리라 소리가 아름다웠던 것이다. 결국 아폴론은 리라와 소 떼를 교환해 버렸다.

이 사건은 헤르메스가 첫 거래에서 흥정에 성공한 순간으로, 엄청난 수익을 남긴 장사였다. 그래서 사람들은 그를 '도둑의 신'이나 '상업의 신'이라고 부른다. 헤르메스의 라틴어 명칭은 '메르쿠리우스Mercurius'이며 영어로는 '머큐리Mercury'라고 불리는데 이는 상품을 뜻하는 영어 단어 '머천다이즈Merchandise'의 어원이 된다.

상업과 무역의 신인 헤르메스는 화술 또한 무척 뛰어났으리라 짐작된다. 우리는 일반적으로 사람을 평가할 때 외모, 학벌, 직업, 이미지, 말투, 스타일 등을 보고 판단한다. 이중에서 사람의 마음을 끄는 가장 좋은 방법은 무엇일까? 목소리만 들었는데 상대방에게 끌리는 경우가 있다. 또 말을 잘하는 사람과 이야기할 때 나도 모르게 상대방에게 빠져드는 경우가 있다. 타인의 마음을 움직이는 데에 가장 필요한 것은 바로 화술, 다른 말로 소통의 기술이 아닐까?

헤르메스가 맡은 역할 중 가장 중요한 역할은 제우스의 명령을 전달하는 일이었다. 헤르메스는 제우스의 명령을 잘 해석해서 다른 신과 인간에게 전달해야 했다.

헤르메스는 전령을 잘 전달하기 위해 항상 날개 달린 모자와 날개 달린 신발을 착용하고 다녔다. 그것들은 헤르메스가 원하는 곳이면 어디든지 매우 빠른 속도로 날아갈 수 있도록 도와주었다. '케리케이온'이라고 불리는 헤르메스의 지팡이는 아폴론에게 받은 선물이다. 지팡이의 윗부분에는 독수리의 날개 한 쌍과 뱀 두 마리가 마치 싸우는 것처럼 지팡이를 감싸고 있다. 헤르메스의 역할이 무엇인지 한눈에 드러나는 지팡이의 모양은 예로부터 분쟁의 해결사로서 고대 그리스 로마 시대의 외교관이나 전령을 나타내는 상징으로 사용되었다.

관계를 여는
소통이라는 열쇠

말이 잘 통하지 않는 사람과 소통의 어려움을 겪은 적이 있는가? 어떻게 하면 소통이 잘되지 않는 사람들과도 원활하게 소통할 수 있을까? 소통에 실패하는 원인은 대부분 자신의 진심을 상대방에게 제대로 전달하지 못하기 때문이다. 말하는 사람이 전하려는 의도와 듣는 사람의 이해가 다를 때 소통에 문제가 발생한다. 이렇게 다른 사람과 생각이나 감정을 주고받는 행위가 원만하게 이루어지지 않는다면 고통이 따를 수밖에 없다.

마흔에 가장 고통스러운 순간은 아마도 함께할 사람에게 자신이 아무런 쓸모없는 사람처럼 느껴질 때가 아닐까. 이런 일이 쌓

소통이 쉽기만 했다면
관계의 소중함을 모를 것이다.

날개 달린 모자, 날개 달린 신발, 두 마리 뱀과 독수리 날개가 달린 지팡이를 보면 전령의 신이자 여행의 신, 상업의 신, 도둑의 신 헤르메스임을 바로 알 수 있다.

〈머큐리(Mercury)〉, 페테르 파울 루벤스, 1636-1638년.

이다 보면 오해가 오해를 낳고 오해가 불신을 낳는다. 결국 관계는 상처로 얼룩질 수밖에 없다. 소통을 잘하고 싶다고 해서 원하는 대로 되는 것이 아니기에 딜레마에 빠지게 된다.

타인과 좋은 관계를 맺고 관계 속에서 잘 어우러지기 위해서는 관계의 달인이 되어야 한다. 소통이 안 되는 사람은 단지 아직 적당한 소통 방법을 찾지 못한 것이다. 원활한 소통을 통해 관계를 유지하고 발전시키려면 어떤 방법이 필요할까?

내면의 자신과 대화하라

대부분의 사람은 자신과의 대화에 서툴다. 자기 자신을 제대로 알지 못하기 때문이다. 그럼에도 우리는 내면의 자신과 항상 대화해야 한다. 특히 자기 자신을 사랑해야 한다. 남에게 왜 나를 사랑해 주지 않느냐고 불평할 일이 아니라 내가 먼저 나를 사랑해야 한다.

이것은 자신감의 문제이기도 하다. 주위를 돌아보면 자신감이 넘치는 사람이 항상 인기가 많다는 사실을 알 수 있을 것이다. 사실 소통하기 어려운 상대는 존재하지 않는다. 먼저 스스로 자신을 신뢰할 때 비로소 상대방도 나를 신뢰하게 된다. 상대방이 마음의 문을 열고 편안해진다면 당연히 나의 의견을 받아들일 것이다. 자신감은 좋은 관계를 맺기 위한 소통의 첫걸음이다.

타인의 마음에 공감하라

타인과 소통을 잘하려면 공감하는 능력이 중요하다. 공감이란 한 사람이 다른 사람 안으로 들어가는 것이다. 나 자신을 비우고 타인에게로 천천히 스미듯이 들어가는 태도가 필요하다. 하지만 우리는 상대방을 만날 때 스스로가 만든 틀에 따라 상대방을 미리 판단하고는 한다. 소통이 잘되지 못하는 원인은 바로 우리가 상대방을 바라보는 태도에 있다. 서로 관점이 다름을 인정해야 한다. 공감하려면 편견과 선입견에서 벗어나 상대방을 있는 그대로 바라보아야 한다. 상대방과 하나가 되는 것이 어렵다면 진정한 대화나 소통도 이루어지기 어렵기 때문이다. 사람들은 누구나 타인에게 인정과 이해를 받고 싶어 한다. 또한 누구나 위로받고 싶어 한다. 자신의 속마음과 상처를 들어 주고 공감해 줄 수 있는 사람을 원한다. 공감은 치유의 에너지를 가졌기 때문이다. 따스한 마음으로 상대방의 말을 듣고 이해해 준다면 관계가 더욱 발전될 수 있다.

인생은 필연적으로 타인과의 만남을 전제로 한다. 따라서 누구나 타인과 상호 의존적 관계에 놓일 수밖에 없다. 사람은 혼자 살아갈 수 없는 존재이기 때문이다. 결국 소통을 잘한다는 것은 상대방과 교차점을 찾는 과정이다. 내가 상대방을 어떻게 생각하는지, 상대방이 나를 어떻게 생각하는지에 달려 있다. 다시 말해 상대방이 무엇을 생각하는지, 무엇을 느끼는지, 무엇을 소망하는지를 먼저 생각하고 나눌 수 있을 때 나와 타자 사이에 쌓였던 벽은 점점 허물어지게 된다. 이렇게 서로의 벽을 허무는 공감의 힘은 강력하다.

세상을 통찰하는 눈을 가져라

여기서 세상이란 눈에 보이지 않는 세상을 말한다. 보이지 않는 세상을 보려면 통찰력이 필요하다. 사물이나 현상을 꿰뚫어 볼 수 있는 마음의 눈이 통찰력이다. 만약 통찰력이 없다면 무슨 일이 일어날까? 속이려는 상대방의 속셈을 간파할 수 있을까? 세상의 뜬소문을 구분할 수 있을까? 미래의 길을 계획할 수 있을까?

매일 수많은 정보가 쏟아져 나온다. 참된 정보와 거짓 정보를 구분할 수 있는 능력이 필요하다. 통찰력을 기르는 가장 좋은 방법은 사람을 만나고 또 만나는 것이다. 만남의 대상에는 여러 경우가 있다. 직접적인 만남에는 인생의 스승, 멘토와의 만남이 있다. 뛰어난 스승을 만나면 인생이 송두리째 바뀌는 기회를 얻을 수 있다. 간접적인 만남에는 좋은 책과의 만남이 있다. 먼저 세상을 깨달은 작가와의 대화를 통해 우리는 한층 더 성장할 수 있다.

먼 곳으로 여행을 떠나는 것도 통찰력을 쌓는 좋은 방법이다. 시간이 주어진다면 해외로 나가서 세계의 다양한 문화를 배워 보는 것도 좋을 것이다. 이런 경험은 안목이 쌓이고 시야가 넓어지는 기회가 된다. 세상을 통찰하는 눈이 없으면 순식간에 호구가 되는 세상이다. 통찰력이 하루아침에 생기지는 않겠지만 세상과 사람과 잘 소통하려면 통찰력을 쌓기 위해 노력해야 한다.

어쨌든 세상에 내 편이 있다는 사실은 정말 행복한 일이다. 내가 잘했든 못했든 언제나 내 편이 되어 주는 사람들이 주위에 있다는 사실은 그 자체만으로 눈물이 날 만큼 고마운 일이다. 그들을 영원히 사랑하자. 그리고 그들과의 관계를 위해 계속 노력하자. 이런 노력은 그들을 영원히 내 편으로 둘 수 있는 최고의 방법이다.

03

건강한 까칠함이 필요하다

• 프로메테우스의 소신 •

나는 대체로 모든 사람과 잘 지내고 싶어 한다. 그래서 어릴 때부터 '착하게 살아라', '손해 좀 보고 살아라', '져 주는 게 이기는 거다' 등등의 말을 귀가 아프게 들어도 개의치 않았다. 그런데 세상에 나와 보니 현실은 귀에 딱지가 앉도록 들어 온 말과는 닮아 있지 않았다. 좋은 사람이 되려고 친절하게 행동하면 오히려 나를 함부로 대했다. 마냥 좋은 관계를 유지하기 위해 나만 노력하면 된다고 생각했지만 틀린 생각이었다.

타인에게 억눌리고 업신여김을 당할 때 우리는 굴욕을 느낀다.

관계에서 일방적으로 이러한 굴욕이 계속되면 우리의 인격은 훼손되고, 심하면 피해망상이나 트라우마, 우울증과 자살 충동을 느낄 위험도 생긴다. 만약 누군가 나에게 굴욕감을 느끼게끔 관계를 이끌어 간다면 우리는 그 관계를 유지해야 할까?

불균형한 관계에서
지켜야 하는 태도

그리스 로마 신화의 신과 신, 신과 인간 사이에는 갑을 관계가 존재한다. 올림포스 최고의 신 제우스와 제우스 편에서 티탄 신족과 전쟁을 벌였던 티탄 신족 프로메테우스의 관계가 대표적이다.

최초로 인간을 창조하고 제우스의 반대에도 인간에게 불을 훔쳐다 주었던 프로메테우스에 대해 우리는 이미 잘 알고 있다. 불을 도둑맞은 제우스가 인간에게 재앙을 내리기 위해 판도라를 만들어 프로메테우스의 동생 에피메테우스에게 보냈고, 판도라는 그 집에 있던 상자를 호기심에 열어 인류에게 재앙을 선물했다. 사실 프로메테우스가 제우스로부터 불을 훔친 것은 인간을 사랑하는 마음 때문이었다. 최초로 인간을 만들 당시 동생 에피메테우스가 이미 동물들에게 자신을 보호할 힘과 재빠름, 모피나 깃털, 날개나 단단한 껍데기 같은 좋은 것들을 전부 준 바람에 프로메테우스는 인간에게 짐승과 맞서 싸울 수 있는 것을 줄 수가 없었다. 그래서 궁리 끝에 제우스의 반대에도 인간에게 불을 훔쳐다 준 것이었다. 제우스는 프로메테우스를 카우카소스 바위산에 묶어 매일 또는 하루걸러 한 번씩 독수리에게 간을 쪼아 먹혀야 하는 형벌을 받도록 했다.

"제우스께서는 또 꾀 많은 프로메테우스를 끊을 수 없는 고통스런 사슬을 기둥 한가운데로 집어넣어 결박하시고는 그에게 긴 날개의 독수리 한 마리를 보내셨다. 그리하여 독수리가 그의 불멸의 간을 쪼아 먹었으나, 밤이 되면 그의 간은 긴 날개의 새가 낮 동안 쪼아 먹은 만큼 사방으로 자라났다."

오비디우스, 《변신이야기》

불사신이었던 프로메테우스는 독수리에게 하루 종일 간을 파먹혀도 밤새 회복했다. 다음 날이 되면 독수리는 다시 찾아왔고 그는 매일 간을 파먹히며 고통받았다. 이로부터 약 3,000년 후에 헤라클레스가 독수리를 죽여 주기 전까지 프로메테우스는 끝없는 형벌을 받았다.

그런데 프로메테우스가 이 같은 형벌을 받게 된 이유가 또 있었다. 일명 '가짜 소고기 사건'으로 제우스를 속인 것이었다. 프로메테우스는 신들에게 바쳐진 제물을 나눌 때 인간이 유리하도록 잔머리를 굴렸다. 그는 제물로 쓰일 황소를 두 부분으로 나누었는데 맛있는 부위는 내장으로 둘러싸 맛없어 보이게 만들었고 맛없는 뼈는 두꺼운 지방으로 감싸서 맛있어 보이게 위장했다. 그러고는 제우스에게 먼저 고기를 선택할 기회를 주었다.

올림포스 최고의 신인 제우스는 멍청하게도 프로메테우스의 속임수에 넘어가 지방으로 감싼 뼈를 선택하고 말았다. 하지만 제우스는 선택을 따를 수밖에 없었다. 이후로 신들에게 향하는 제물은 오로지 맛없는 뼈와 기름뿐이었고, 인간은 맛있는 고기 부분을 먹게 되었다. 이 사건으로 화가 난 제우스는 프로메테우스에게 독수리에게 간을 쪼이는 잔혹한 형벌을 내렸던 것이다.

프로메테우스는 미래를 예견하는 능력이 있기 때문에 제우스의 형벌을 피할 수도 있었다. 그러나 그는 자신의 운명을 피하지 않았다. 인간을 사랑하는 그의 마음이 엿보이지 않는가?

그러나 제우스가 프로메테우스에게 형벌을 내린 이유는 인간의 편에 서서 일했기 때문만은 아니다. 제우스는 자신이 언젠가 최고 신의 위치에서 물러나게 될 것이라고 예상했다. 미래를 예견하는 능력을 가진 프로메테우스에게 그와 관련된 일을 알려 달라고 했지만 프로메테우스는 제우스를 천상에서 쫓아낼 아들을 낳을 여인이 누구인지 절대 말해 주지 않았다.

〈결박된 프로메테우스(Prometheus Bound)〉, 페테르 파울 루벤스, 1618년.

나에게 상처 주면서까지 지켜야 할 관계는 없다.

프로메테우스는 제우스에게서 불을 훔친 죄로 매일 독수리에게 간을 쪼아 먹히는 형벌을 받았다. 불사신이었던 프로메테우스는 다음 날이 되면 간이 회복되었고 매일 고통을 반복해야 했다. 이로부터 약 3,000년 후에 헤라클레스가 독수리를 죽여 주기 전까지 프로메테우스는 끝없는 형벌을 받았다.

프로메테우스는 제우스의 갑질에도 굴복하지 않았다. 형벌을 받게 될 것이라는 예견에도 소신을 지키는 까칠함을 소유한 사람이었다. 불균형한 관계에서 지켜야 하는 태도가 무엇인지 프로메테우스는 제대로 보여 준다.

나를 함부로 대하는 사람에게 비굴하지 마라

마흔은 인생에서 가장 책임감을 무겁게 느끼는 나이라고 생각한다. 위로는 부모님을 봉양해야 하고 아래로는 아이들을 키워야 하며 이를 위해서는 사회에서 나의 자리를 지켜 내야 하기 때문이다. 이런 책임감에 어쩔 수 없이 관계에서 비굴해져야 하는 순간을 마주하게 되기도 한다. 직장에서도 부당한 대우로 고통받는 사람들의 이야기를 들은 게 어제오늘이 아니다. 마흔 즈음의 우리는 여기저기 떠밀리듯 타인이 휘두르는 대로 힘없이 굴복하지 않으면 안 되었다. 우리는 부당한 대우에서 어떻게 벗어날 수 있을까?

굽히지 말고 까칠하게 표현하라

사람들은 대체로 다른 사람에게 착한 사람이라고 인정받고 싶어 한다. 하지만 착한 사람은 정작 자신의 감정에 솔직하지 못하게 되기 쉽다. 좋은 사람으로 보이기 위해서 다른 사람들의 어려운 부탁을 거절하지 못하기 때문이다. 정작 자신이 어려운 일에 처할 때는 주변 사람들에게 도와 달라고 부탁하지도 못한다.

물론 타인을 향한 따스한 배려와 품위 있는 존중은 좋은 인간관계를 유지하기 위해 꼭 필요하다. 하지만 부탁을 들어주지 않으면 그 사람이 나를 싫어할 것 같다는 이유로 거절하지 못한다면 상대방은 나를 어리숙하여 이용하기 딱 좋은 호구라고 생각할 것이다. 이제 내가 진정으로 원하지 않는다면 당당하게 거절하는 법을 배우자.

오히려 생각을 솔직하고 당당하게 표현할 때 건강한 대인관계를 형성할 수 있다. 정신과 전문의인 양창순 박사는《나는 까칠하게 살기로 했다》에서 '건강한 까칠함'의 중요성을 언급했다. 여기서 중요한 단어는 '까칠함'이 아닌 '건강한'이다. 냉소적이고 예민하고 예의 없이 행동하는 까칠함이 아니라 당당하고 소신 있게 자신의 입장을 표현하는 까칠함을 이야기한다. 나를 함부로 대하는 사람에게 비굴할 필요가 없다.

관계에도 선택과 집중이 필요하다

경제학에 '80 대 20 법칙'이 있다. 80 대 20 법칙은 작은 노력으로 큰 결과를 만드는 법칙이다. 예를 들면 전체 제품 중 20퍼센트의 품목이 전체 매출액의 80퍼센트를 차지한다. 또 전체 고객의 20퍼센트에서 전체 매출의 80퍼센트가 발생한다. 100여 년 전에 이탈리아의 경제학자인 빌프레도 파레토가 처음 주장한 이 법칙은 '파레토의 법칙'으로도 불린다.

80 대 20 법칙은 비즈니스 관계에서뿐만 아니라 인간관계에도 적용된다. 다양한 사람과 어울리다 보면 모든 사람과 잘 지내고 싶어진다. 그런데 현실은 그렇지 못하다. 사실 친구 10명이 있어도 속마음까지 다 털어놓을 수 있는 친구는 한두 명뿐이다.

따라서 인간관계를 맺을 때 사람들에게 100퍼센트 인정받으려고 노력하지 않아도 된다. 이는 불가능한 일이다. 오히려 그중에 한두 명은 당신을 싫어할 수도 있다. 이 사실을 알고 있어야 혼자 잘해 주고 상처받는 일에서 자유로워질 수 있다.

10명 중에 두 명과 인연을 끊어도 먹고사는 일에 아무런 지장이 없다. 나머지 8명 중 두 명은 언제나 당신 편이기 때문이다. 그들하고만 잘 지내도 행복하게 지낼 수 있다. 두 명의 친구가 인간관계의 80퍼센트에 해당하는 영향력을 행사하기 때문이다.

우리에게는 건강한 까칠함이 필요하다. 전달되지 않은 진심은 상대방에게 잘못이 있기보다 본인의 탓인 경우가 많으니 내 생각을 표현할 때 망설이지 말자. 또 사람들과 소통할 때, 관계를 맺을 때 모든 사람과 잘 지내려고 애쓰지 말자. 마음이 잘 통하는 사람과 시간을 함께 보내기에도 시간이 부족하다.

04

고독이 고른 인연에 속지 마라

· 페넬로페의 안목 ·

트로이 전쟁의 영웅 오디세우스를 아는가? 오디세우스는 목마를 만들어서 전쟁을 승리로 이끈 인물이다. 트로이 전쟁에 출정하기 전, 오디세우스는 페넬로페와 아들을 낳고 행복한 나날을 보내고 있었다. 하지만 오디세우스가 전쟁에 출정하게 되어 그들은 결혼한 지 겨우 1년이 지났을 무렵에 기나긴 이별을 맞이할 수밖에 없었다.

오디세우스가 전쟁에 나간 지 10여 년이 흘렀다. 세월이 흐르고 흘렀지만 페넬로페는 남편의 소식을 듣지 못했다. 오디세우스는 전쟁에서 승리했지만 귀향 도중에 바다의 신 포세이돈의 아들이자 외눈박이 거인인 폴리페모스의 눈을 찌르고 도망가다가 신의 저주를 받아 10년 동안 떠돌고 있었다.

전쟁터에서 남편이 죽었는지 살았는지도 모른 채 무작정 남편을 기다리는 페넬로페는 얼마나 외로웠을까? 20년 동안 전쟁터에 나간 남편을 기다리는 일은 정말로 견디기 힘든 일일 것이다. 그러나 페넬로페는 외롭다고 오디세우스를 대신할 다른 사람을 찾지 않았다. 그럼에도 긴 시간을 견딜 수 있었던 이유는 그녀가 인연을 알아보는 안목을 갖고 있었기 때문이다. 페넬로페는 '아무나'와 '인연'을 구별할 수 있는 눈이 있었다.

만약 페넬로페에게 사람 보는 눈이 없었다면 어떻게 되었을까? 단순히 외로움을 달래기 위해 아무나 만나서 구혼을 받아들였을 것이다. 하지만 사랑하기 때문에 시작된 관계가 아니라 외로움을 달래기 위해 시작된 관계라면 진정한 사랑이 될 수 없다.

아무나와 인연을 구별하라

페넬로페는 20년 동안 남편을 한결같은 마음으로 기다렸다. 페넬로페의 외모는 상당히 아름다웠기에 오디세우스가 전쟁에 나가자 그녀에게 구혼하려는 젊은 귀족들이 몰려들었다. 구혼자들은 오디세우스의 집에 눌러앉아 음식과 술을 먹으며 남편 없는 집에서 오디세우스의 재산과 식량을 축냈다.

시간이 흐르고 흘러도 오디세우스가 돌아오지 않자 구혼자들은 그가 죽었다고 생각해 페넬로페에게 더욱 집요하게 결혼을 요구했다. 페넬로페를 정말 사랑했다기보다 오디세우스의 재산을 탐낸 것이었다. 그러나 페넬로페는 오디세우스가 돌아올 것이라는 희망을 버리지 않았다. 차일피일 구혼자를 선택하는 일을 미루었다.

페넬로페는 괴로운 시간을 보냈다. 시아버지를 위해 수의를 짜는 중이었던 페넬로페는 이 일이 끝나면 구혼자 중 한 사람과 결혼하겠다고 말했지만 낮에는 옷감을 짜고 밤에는 옷감을 풀면서 3년 동안 계속 시간을 끌었다. '페넬로페의 베짜기'는 여기서 유래되었다. 이 말은 오늘날 언제 끝날지 모르는 일이나 영원히 끝나지 않는 일을 가리킬 때 쓰인다.

오디세우스는 거지로 변신하여 그리운 자신의 집에 찾아갔다. 누구도 오디세우스를 알아보지 못했다. 늙은 개 아르고스만이 그를 알아볼 뿐이었다. 오디세우스가 돌아온 줄 모르는 페넬로페는 더 이상 구혼자들의 요구에 저항할 수 없었다.

페넬로페는 남편 오디세우스가 남겨 두고 간 활을 들고 "이 활을 쏴서 열두 개의 도끼 구멍을 모두 꿰뚫는 분을 새 남편으로 선택하겠습니다"라고 말했다. 하지만 아무도 오디세우스의 활에 시위를 걸지 못했다. 마지막으로 거지 차림을 한 오디세우스가 활에 시위를 걸어 도끼를 꿰뚫었다. 오디세우스는 "내가 바로 이 집의 주인인 오디세우스다"라고 말하고는 거침없이 활을 쏘아 구혼자들을 죽였다.

오디세우스는 20년 만에 사랑하는 아내 페넬로페와 재회했다. 만남이 있으면 헤어짐이 있듯이 그들은 인연이었음에도 불구하고 이별을 맞이했다. 하지만 페넬로페는 남편 오디세우스를 진정한 인연으로 믿었기 때문에 기나긴 세월을 기다릴 수 있었다.

내 인생의 진주를 가려내는 법

사람들은 살면서 의문을 갖는다.

'왜 우리는 정말 사랑했는데 헤어지게 된 걸까?'

'왜 그녀는 나를 떠나려 하는 걸까?'

'그는 왜 나의 사랑을 거부하는 걸까?'

'외로움을 달래 줄 인연은 어디에서, 어떻게 만날 수 있는 걸까?'

고독은 버릇이 나빠 달랠수록 커진다.
이 고독에 속지 말아야 한다.

오디세우스가 트로이 전쟁에 나간 지 여러 해가 흘렀는데도 돌아오지 않자 페넬로페는 수많은 구혼자에게 시달렸다. 하지만 그녀는 끝까지 지조를 버리지 않고 남편 오디세우스를 기다려 훗날 다시 만나게 되었다.

〈오디세우스와 페넬로페(Ulysses and Penelope)〉 프란체스코 프리마티치오, 1563년경.

인연이란 무엇일까? 인연은 사람 사이에서 맺어지는 관계를 말한다. 많은 사람과 관계를 맺지만 어떤 관계는 좋은 인연으로 어떤 관계는 나쁜 인연으로 구분된다. 좋은 인연으로 시작한 관계도 나쁜 인연이 될 수 있다. 인연의 마주침이 우연인지 운명인지 모를 때도 많다. 사랑이 운명처럼 다가왔다가도 운명이 아닌 것처럼 떠나는 경우도 있다. 좋은 인연을 만나려면 어떤 노력을 할 수 있을까?

조급함은 시간 낭비다

페넬로페처럼 자신의 인연인 남편을 다시 만나기 위해 긴 시간을 견뎌 내듯이 때를 기다려야 한다. "강태공이 세월을 낚듯 한다"라는 말처럼 조급함을 내려놓고 서두르지 않는 지혜가 필요하다.

외로움의 실체를 찾아야 한다

양창순은 《나는 외롭다고 아무나 만나지 않는다》에서 "막연하게 외롭다는 이유로 기댈 누군가를 찾고 있다면, 자신의 외로움이 어디서부터 오는 것인지를 살펴볼 필요가 있다"라고 말한다. 우리가 혼자라는 외로움을 느끼는 이유는 애정 결핍, 불안함, 낮은 자존감 등에 원인이 있다는 것이다. 자신을 외롭게 하는 원인이 무엇인지를 찾아낸다면 우리는 더 이상 외로움을 달래기 위한 수단으로 아무나 만나 사랑하지 않아도 된다.

외로움은 인간이라면 지극히 자연스럽게 느끼는 감정이다. 혹시 지금 외로운가? 그 이유를 곰곰이 생각해 보자. 외로움의 실체를 찾는 일은 중요하다.

나도 30대 후반까지 원인을 알 수 없는 외로움이라는 감정과 치열하게 싸웠다. 지금 돌이켜 보면 계속 외로웠던 이유는 외롭다는 이유로 누군가를 자꾸 만나려 했기 때문이었다. 외로움을 달래려고 아무나 만나다 보면 헤어지는 상황이 반복되고 외로움은 더 커져만 간다.

하지만 개인의 노력만으로 외로움에서 빠져나올 수는 없다. 좋은 인연을 만날 때 외로운 감정에서 해방되어 안정된 생활을 할 수 있다. 아무나가 아닌 인연과의 만남이 있어야 외로움에서 해방될 수 있다. 진정한 사랑의 힘이 작용하기 때문이다. 그렇다면 나의 인연은 어떻게 만날 수 있을까?

인연을 알아보는 마음의 눈이 필요하다

안목이 있어야 좋은 인연을 알아볼 수 있다. 세상을 살아가는데 인연을 맺는 일만큼 중요한 것도 없다. 하지만 만남에는 다 때가 있다. 그래서 인연이 나타날 때를 대비해서 나 자신이 준비되어 있어야 한다. 그렇다면 인연을 알아보는 마음의 눈, 안목을 기르는 방법에는 무엇이 있을까?

안목을 기르기 위해서는 직감을 단련해야 한다. 처음 만난 사람인데도 낯설지 않은 느낌이 들고 마음이 편한 사람이 있다. 우연한 만남에서 자신의 운명임을 깨닫기 위해서는 평상시 무의식에 자신이 원하는 이상형을 각인하는 시간이 필요하다. 나의 경우를 말하자면 이상형을 만나기 위해 대차 대조표를 작성해서 매일 잠재의식 훈련을 했다. 종이를 절반으로 접어서 오른쪽에 자신이 원하지 않는 상대방의 특징을 100가지 정도 기록한다. 그리고 왼쪽에 그 말들을 긍정적으로 바꾸어 기록한다. 매일 시간이 날 때마다 왼쪽에 적힌 100가지 자신이 원하는 이상형의 특징을 확언한다. 시간이 흐른 후 우연히 상대방을 만나게 되면 마음의 눈이 작동하여 당장 인연임을 알아보게 된다. 처음 만나자마자 운명임을 직감할 것이다. 종이 위에 기록하면 기적이 이루어진다는 말처럼 말이다.

혹시 외롭다고 아무나 만나고 있다면 그만큼 소중한 인연을 만날 기회와 시간을 낭비하고 있는 것이다. 주위에 좋은 인연이 있음에도 멀리서 찾고 있을 수 있다. 사랑이 운명처럼 다가온다고 기대한다면 조바심을 내지 말고 때를 기다려야 한다. 언젠가 당신의 인연과 마주할 날을 기대하며 말이다.

05

다시 사랑을 선언하라

· 파리스의 사랑 ·

모 방송국에서 전국의 결혼 20년 차 이상의 기혼자 200명을 대상으로 설문 조사를 실시했다. "배우자와 떨어져 지내는 기간을 갖고 싶다고 생각한 적이 있습니까?"라는 질문에 "가끔 있다"가 48퍼센트, "있다"가 34퍼센트로 중년 부부의 82퍼센트가 배우자와 떨어져 지내는 생활에 긍정적인 반응을 보였다.

이렇게 이혼하지 않고 각자의 인생을 사는 삶의 형태를 졸혼이라고 한다. 스기야마 유미코의 《졸혼을 권함》에서 처음 등장한 이 용어는 몇 년 전 모 탤런트가 자신의 졸혼 소식을 방송에서 전하면서 부부 간의 새로운 삶의 방식으로 유행하기 시작했다.

사랑하는 연인이 생기면 누구나 결혼을 생각한다. 결혼이라는 제도를 통해 소중한 사랑을 굳건히 지키기를 원한다. 부부의 연을 맺을 당시에는 어떤 역경도 함께 이겨 낼 수 있을 거라고 기대했을 이들이 세월이 흐르면서 이제는 각자의 행복을 위해 따로 사는 삶을 선택하는 이유는 무엇일까?

"요즘 배우자와 사이가 어떠세요?"

"예전처럼 날 사랑하지 않는 것 같아요."

많은 사람이 부부 관계에서 처음과 달리 사랑이 변했다고 불만을 토로한다. 실제로 주변을 돌아보면 변한 사랑 때문에 결혼 생활이 유리처럼 산산조각 나는 경우를 수없이 목격한다. 세월이 지나 뜨거웠던 사랑의 온도가 식으면서 흔히 "정 때문에 산다"라는 말을 많이 하고는 한다. 세상의 모든 사랑은 시간이 지나면서 서서히 식을 수밖에 없고, 순수했던 사랑도 따뜻한 마음도 세월이 지나면 변할 수밖에 없다.

권력보다 강하고 명예보다 값진 것

올림포스의 주신 제우스는 아름다운 바다의 님프 테티스를 흠

모했다. 하지만 그녀가 낳을 아들이 제우스 자신보다 더 위대해질 것이라는 예언을 들었다. 제우스는 두려움에 테티스를 인간과 서둘러 결혼시켰다. 그가 바로 프티아의 왕 펠레우스다. 그는 아르고호의 모험, 헤라클레스의 트로이 원정 등에 동참한 영웅이며 바다의 여신 테티스와 결혼하여 그리스 신화의 최고의 영웅 아킬레우스를 낳았다.

어느 날 펠레우스와 테티스의 결혼식이 있었다. 모든 신이 초대받았는데 사악한 불화의 여신 에리스만 초대받지 못했다. 화가 난 에리스는 앙심을 품고 결혼식 연회장에 황금 사과 한 개를 던졌다. 그 사과에는 '가장 아름다운 여신에게'라고 쓰여 있었다. 헤라와 아프로디테와 아테나가 황금 사과를 발견하고 서로 자신이 황금 사과의 주인이라고 주장했다.

세 여신은 제우스에게 누가 가장 아름다운지 심판해 달라고 요청했다. 그러나 현명한 제우스는 이 사건에 휘말리고 싶지 않아 세 여신을 이데 산으로 보냈다. 이데 산에는 인간 중에서 가장 잘생긴 파리스가 양을 치고 있었다. 제우스는 파리스에게 가장 아름다운 여신을 선택하는 심판을 맡겼다.

파리스는 원래 트로이의 왕 프리아모스의 아들이었는데 그가 태어날 때 어머니 헤카베가 도시 전체가 불타오르는 불길한 태몽을 꾸었다. 프리아모스 왕은 태몽을 듣고 파리스가 언젠가는 나라를 망하게 할지도 모른다는 생각에 그를 이데 산에 버렸다. 하지만 파리스는 죽지 않고 잘 자라서 양치기가 되었다.

세 여신은 각자 자기에게 유리한 판결이 나도록 인간이 가장 좋아할 만한 최고의 선물을 주겠다고 파리스에게 약속했다. 헤라는 권력과 부를, 아테나는 전쟁에서의 승리를, 아프로디테는 세상에서 가장 아름다운 여성을 아내로 맞이하게 해 주겠다고 약속했다. 어느 여신에게 황금 사과가 돌아갔을까? 파리스는 아프로디테의 제안을 선택했다. 이로써 아프로디테는 황금 사과를 가질 수 있었고 최고의 미를 담당하는 여신이 되었다.

그리스 신화에 나오는 최고의 미녀 헬레네는 스파르타의 왕 틴다레오스의 아내 레다가 백조로 변신한 제우스와 관계를 맺어 태어났다. 헬레네에게 정식으로 청혼하기 위해 그리스 전역에서 구혼자들이 몰려왔다. 헬레네의 아버지 틴다레오스는 구혼자 중 한 사람을 헬레네의 남편감으로 선택했을 때 나머지 사람들이 반란을 일으킬까 두려웠다. 이때 오디세우스가 묘책을 내놓았다. 우선 누가 남편이 되든지 간에 나머지 구혼자들은 그 남편을 위해 싸워야 한다는 것을 서약하도록 했다. 결국 틴다레오스 왕은 그가 총애하던 아가멤논의 동생인 메넬라오스를 사위로 결정했고, 그를 스파르타 왕으로 임명했다.

파리스는 약속대로 아프로디테에게 아름다운 아내를 선물로 받

〈파리스의 심판(The Judgement of Paris)〉, 페테르 파울 루벤스, 1632년-1635년.

사랑은 권력보다 강하고 명예보다 값지다.

왼쪽의 세 여신이 누구인지는 그녀들 곁에 있는 것을 보면 알 수 있다. 메두사의 머리가 달린 방패로 보아 가장 왼쪽은 전쟁의 여신 아테나다. 에로스와 함께 두 번째로 서 있는 여신은 미의 여신 아프로디테다. 공작새 곁에서 뒷모습을 보이고 있는 여신은 헤라다. 화면 오른쪽에는 황금 사과를 든 양치기 파리스와 여신들을 그에게 데려간 전령의 신 헤르메스가 보인다.

았다. 그런데 그녀는 스파르타 왕 메넬라오스의 왕비인 헬레네로 하필이면 유부녀였다. 결국 파리스에게서 황금 사과를 받은 사랑과 미의 여신 아프로디테는 양치기 파리스가 메넬라오스와 헬레네를 찾아가게 했다. 메넬라오스가 아내와 파리스를 남겨 둔 채 크레타 섬으로 떠났을 때, 파리스는 그 틈을 타서 헬레네를 유혹하여 궁궐에서 빠져나와 트로이로 도망쳤다. 그가 헬레네를 유혹할 수 있었던 이유는 바로 사랑과 미의 여신 아프로디테의 도움이 있었기 때문이다. 하지만 결국 파리스의 심판은 트로이 전쟁의 원인이 되었다. 크레타 섬에서 돌아와 헬레네가 파리스와 함께 도주한 것을 안 메넬라오스 왕은 그리스 각지의 옛 구혼자들에게 틴다레오스에게 했던 서약에 따라 트로이 원정에 나설 것을 요청했다. 결국 미케네의 왕 아가멤논을 총사령관으로 하여 그리스 함대와 군대는 트로이 원정에 나서게 된다.

사랑을
지속하는 방법

젊을 때는 첫눈에 반해 사랑했는데 시간이 흐르면서 그 사랑은 어디로 갔을까? 사랑이 변했을까? 우리의 사랑은 영원할 거라 맹세했는데 도대체 무엇이 문제였을까?

인생에는 중요한 가치들이 있다. 이를테면 성공, 명예, 돈, 권력, 우정, 사랑이다. 그중에서 딱 한 가지만 택해야 한다면 무엇이 가장 좋을까? 양치기 파리스는 헤라의 권력과 돈, 아테나의 명예를 택하지 않고 아프로디테가 제안한 사랑을 선택했다.

교수 강대진은 《옛사람들의 세상 읽기 그리스 신화》에서 이렇게 말한다.

"파리스의 판정은 보통, 무엇이 인생에서 가장 중요한지를 다루는 이야기라고 해석한다. 즉 이것은, 인생의 위기에 처하여, (여신으로 표현된) 세 가지 원리 가운데 하나를 선택해야 하는 인간의 상황을 보여 준다는 것이다."

사랑할 마땅한 대상을 찾는 것은 어려운 일이다. 한평생을 함께할 대상을 찾는 것 또한 쉽지 않은 일이다. 어렵게 사랑의 대상을 찾아도, 사랑하기만 해도 부족할 시간에 계속 사소한 일로 다투고 상처 주며 실망감과 권태감만 쌓아 가고는 한다.

10년 넘게 결혼 생활을 한 마흔의 부부에게는 처음의 설렘보다 익숙함이라는 감정이 더 앞설 것이다. 이러한 익숙함으로 둘의 관계가 권태로운 상황으로 빠져들 수 있다. 그래서 마흔을 맞이하는 부부에게는 가장 뜨겁게 사랑했던 상대를 삶의 동반자로 새롭게 받아들이는 과정이 특별히 필요하다. 프랑스 철학자 알랭 바디우는 《사랑 예찬》에서 사랑은 "지속하고자 하는 강한 욕망"이라고 말한다. 다시 말해 사랑은 미지의 무엇을 지속하려는 욕망이자 삶의 재발명이다. 한순간의 황홀한 감정으로 끝나는 것이 아니라 그 사랑을 지속하는 법을 새롭게 찾는 과정이다.

그렇다면 마흔에 어떻게 둘의 사랑을 지속할 수 있을까? 알지 못했던 누군가와의 우연한 만남이 사랑이라는 필연이 된 순간에 우리는 서로 사랑한다고 말했다. 그래서 알랭 바디우는 사랑을 선언하는 것을 통해 우연한 하나의 만남이 필연이 되고, 지속성·끈덕짐·약속·충실성을 이끌어 낼 것이라고 말한다. 인생을 절반쯤 살아온 지금, 사랑의 실존적 위기를 겪고 있는 마흔의 부부에게 필요한 것은 다시 사랑을 선언하는 것이다.

비가 아프게 내리는 날에 언제나 우산 같은 사람이 되겠다고 맹세했던 그 사람은 어디로 갔을까? 힘든 하루의 끝에 눈물을 닦아 주던 그 사람은 어디에 있는가? 두 사람이 사랑하기까지 오랜 시간 먼 길을 돌아왔고, 방황한 시간은 모두 이 사랑을 만나기 위한 과정이었다. 마흔의 부부에게 익숙함과 권태는 행복의 또 다른 모습인지도 모른다. 이제 남은 삶을 함께할 반려자에게 사랑한다고 다시 말하자. 결혼을 하거나 아이를 낳았다고 해서 사랑이 완성되는 것은 아니다. 사랑한다고 말할 때 그 사랑은 지속된다. 사랑한다고 다시 선언할 때 어떠한 시련도 끈덕지게 이겨 낼 수 있고 서로에게 했던 처음의 약속을 충실히 지킬 수 있다.

06

그저 사랑하는 것이 우리의 임무다

· 프시케의 순정 ·

사람들은 사랑에 빠지거나 실패하고 또 그 때문에 고통받는다. 실연의 상처로 다시는 사랑하지 않겠다고 다짐하지만 다시 누군가와 사랑을 시작한다. 그럼에도 불구하고 사랑하게 되는 이유는 무엇일까?

프시케라는 공주가 있었다. 그녀는 너무 아름다워서 사람들에게 미의 여신 아프로디테보다 더 많은 사랑을 받았다. 프시케의 인기가 자기보다 많아지자 질투심에 화가 난 아프로디테는 에로스에게 프시케가 가장 추한 남자와 사랑에 빠지도록 황금 화살을 쏘라고 시켰다. 에로스는 곧장 화살통을 매고 프시케에게 날아갔다. 그러나 깊이 잠든 프시케를 보고 아름다움에 깜짝 놀란 에로스는 실수로 자기 자신에게 황금 화살을 쏘고 말았다. 어처구니없게도 에로스는 프시케에게 반해 버렸다.

결혼할 나이가 되었음에도 프시케에게는 구혼자가 나타나지 않았다. 인간이 아닌 괴물과 결혼한다는 신의 계시를 받은 프시케는 아름다운 신부의 옷을 입고 절벽에 홀로 남겨진 채 두려움에 떨었다. 그때 바람의 신 제피로스가 그녀를 아름다운 궁전으로 데려갔다. 이윽고 밤이 되자 괴물이 그녀의 침실에 나타났다. 바로 에로스였다.

프시케는 남편의 얼굴도 확인하지 못한 채 결혼 생활을 시작했다. 에로스는 밤이 되면 오고, 해가 뜨기 전에 떠나 버렸다. 그래도 그녀는 행복했다. 하지만 행복한 나날은 그녀의 호기심으로 인하여 끝을 맞이하게 되었다.

프시케의 초대를 받아 집에 놀러 온 언니들은 행복한 프시케를 보며 질투심에 사로잡혔다. 도통 얼굴을 보여 주지 않으니 남편이 괴물일지도 모른다며 언니들은 프시케의 마음속에 의심을 불러일으켰다. 남편이 잠들었을 때 등불로 얼굴을 비추어 보라며 프시케를 부추겼다.

프시케는 언니들이 조언한 대로 잠든 남편의 얼굴에 등불을 비추었다. 놀랍게도 남편은 괴물이 아니라 신 중에서도 가장 아름다운 에로스였다. 프시케는 그 아름다움에 취하여 계속 바라보다가 그만 뜨거운 기름 한 방울을 에로스의 몸에 떨어뜨리고 말았다.

놀라 잠에서 깬 에로스는 프시케에게 "어리석은 프시케야. 이것이 나의 사랑에 대한 보답이란 말이냐. 나의 말보다 언니들의 말이 더 중요하다면 너와 영원히 이별할 뿐이다. 사랑은 의심과 함께 살 수 없는 것이다"라고 말하고 떠나 버렸다.

존재의 의미이자 삶의 목적

프시케는 남편 에로스를 찾기 위해 세상을 이리저리 헤매고 다녔지만 에로스를 다시 만나지 못했다. 결국 프시케는 아프로디테를 찾아가 남편이 있는 곳을 물었다. 프시케의 아름다움을 질투했던 아프로디테는 프시케에게 에로스가 있는 곳을 알려 주지 않았다. 도리어 프시케에게 분노하며 온갖 시련을 안겨 주었다.

첫 번째 시련은 한데 섞인 여러 종류의 곡식을 하루 동안 종류별로 가려 놓는 일이었다. 프시케는 산더미 같은 곡식들을 바라보며 한숨을 쉬었다. 이때 아폴론이 개미를 보내서 순식간에 곡식의 낟알을 가려내 주었다. 돌아온 아프로디테는 모든 것이 말끔히 정리되어 있자 더욱 화가 치밀어 올랐다.

이후 아프로디테는 매우 사나운 황금 양의 털을 깎는 일, 지하 세계로 내려가는 길목에 있는 스틱스강에서 물을 한 양동이 퍼오는 일 같은 온갖 힘든 일로 프시케를 괴롭혔다. 그러나 주변의 도움으로 프시케가 모든 과제를 척척 해내자 아프로디테는 기어이 프시케를 저승에 보내기로 작정했다.

아프로디테는 지하 세계에 있는 하데스의 아내 페르세포네로부터 아름다움이 든 상자를 얻어 오라고 시켰다. 프시케는 그곳이 죽어야만 갈 수 있는 곳이라는 사실을 알고 가만히 눈을 감았다. 프시케는 에로스를 향한 자신의 사랑이 얼마나 진심이었는지 보여 주고 싶었다. 그래서 죽기로 결심했다. 그렇게 프시케는 지하 세계로 향했다.

저승에서 만난 지하 세계의 여왕 페르세포네는 프시케에게 자신의 아름다움이 든 작은 상자를 하나 건네주었다. 그리고 프시케에게 절대로 상자를 열어 보지 말라고 경고했다. 지상으로 돌아오는 길에 프시케는 상자 안에 있는 아름다움이 무엇인지 너무 궁금했다. 자신도 곧 만날 남편 에로스에게 더 아름다운 모습을 보여 주고 싶었다. 결국 프시케는 호기심을 참지 못하고 상자를 열었다. 실망스럽게도 상자 안에는 아무것도 없었다. 그런데 텅 빈 줄 알았던 상자 안에서 '잠'이 나타나 프시케를 깊은 잠에 빠뜨렸다.

에로스는 뜨거운 기름에 입은 화상과 마음의 상처가 거의 다 치유되어 갈 즈음 사랑을 위해 죽음을 무릅쓰고 모험한 프시케에게 감동하여 그녀를 애타게 그리워하고 있었다. 에로스는 프시케가 깊은 잠에 빠졌다는 소식에 곧장 날아가 길 한가운데에서 쓰러져 잠든 그녀를 찾아냈다. 에로스는 프시케에게서 잠을 빼내어 상자에 다시 집어넣었다. 그리고 그녀를 화살로 살짝 찔러서 깨웠다.

에로스는 사랑하는 프시케를 안고 올림포스 최고의 신 제우스를 찾아갔다. 제우스는 모든 신 앞에서 에로스와 프시케가 정식으로 결혼한 사이임을 선포하며 프시케에게 영원한 생명을 주었다. 둘에게서는 기쁨과 쾌락의 여신이 태어났는데 그리스 신화에서는 '헤도네', 로마 신화에서는 '볼룹타스'라고 부른다.

혹독한 시련을 겪으며 에로스의 사랑을 되찾은 프시케의 신화는 진정한 사랑이 무엇인지 고민해 보게 한다. 잘 생각해 보면 사랑은 육체적 사랑을 의미하는 '에로스'와 인간의 정신과 영혼을 의미하는 '프시케'가 합쳐져 완성된다는 사실을 깨달을 수 있다.

함께 성장하라

어느 누구도 사랑에 대해 참으로 만족할 만한 정의를 내리지 못

〈에로스와 프시케(Cupid and Psyche)〉, 프랑수아 제라르, 1798년.

우리는 진정한 사랑을 통해 성장하고 완성된다.

프시케의 머리 위에서 나비 한 마리가 날아다닌다. 고대 그리스어로 나비를 뜻했던 프시케는 인간의 영혼을 의미한다. 에로스와 프시케의 신화를 통해 진정한 사랑은 육체적 사랑을 의미하는 '에로스'와 인간의 정신과 영혼을 의미하는 '프시케'가 합쳐져서 완성된다는 사실을 알 수 있다.

한다. 사랑은 마음 깊은 곳에서 우러나오는 감정이기에 쉽게 이해할 수 없고, 특히 눈에 보이지 않기에 그저 '사랑한다'는 말로 표현하는 것이 고작이다.

정신과 의사이자 베스트셀러 작가인 M. 스캇 펙은 《아직도 가야 할 길》에서 사랑을 "자기 자신이나 타인의 영적 성장을 도울 목적으로 자신을 확대시켜 나가려는 의지"라고 정의한다. 우리는 태어난 후로 부모의 변함없는 사랑과 보살핌을 받으며 자라 왔다. 부모에게 따뜻한 사랑을 받고 자란 사람은 그렇지 못한 사람보다 훨씬 사랑을 잘한다. 또한 그들은 자기 자신이 가치 있는 사람이라는 사실을 마음속 깊이 인식하고 있다. 그뿐만 아니라 삶에서 깊은 안정감을 누리며 성인이 되어서도 타인과 원만히 사랑을 나눌 수 있고 상대방과 함께 성장하는 관계를 맺는다.

그런데 왜 인간은 항상 사랑을 그리워할까? 왜 사랑하고 결혼하며 한평생을 사랑하는 사람과 함께할까? 이런 의문에 대해 플라톤은 소크라테스의 대화편 《향연》에서 인간은 원래 남자와 여자가 한 몸, 즉 둥근 모양이었는데 인간이 신에게 도전할 만큼 오만해져서 제우스가 인간의 몸을 둘로 갈라놓았다고 말했다. 원래 한 몸이었다가 갈라졌기 때문에 인간은 항상 다른 반쪽을 그리워했다고 한다. 어디에 있든지 간에 서로를 알아보고 사랑에 빠졌으며 서로를 향한 그리움 때문에 잠시도 떨어져 있을 수 없었다고 한다. 서로 떨어져 있게 되면 한동안 아무 일도 할 수 없었을 뿐만 아니라 죽음을 택하기도 했다고 한다.

나와 상대방이 한 몸이었다는 사실은 나의 사랑과 상대방의 사랑이 본래 하나였음을 의미한다. 상대방을 향한 나의 사랑 반쪽과 나를 향한 상대방의 사랑 반쪽이 만나서 하나의 사랑이 완성된다. 그래서 사랑은 내가 존재하는 이유다.

바이런 케이티는 《나는 지금 누구를 사랑하는가》에서 내 자신이 곧 '사랑'이라는 사실을 깨닫지 못한 채 다른 누군가를 사랑한다는 것은 나 자신과 그 사랑의 대상을 분리하는 것이라고 말한다. 다시 말해 우리 자신이 곧 사랑이며, 사랑에는 분리가 없다는 것이다.

사는 동안 인간의 임무는 사랑을 찾는 일이다. 삶이 끝날 때까지 사랑하는 법을 계속해서 배워야만 한다. 신을 향한 숭배가 아닌 인간을 향한 사랑을 원했던 에로스가 프시케에게 말한 것처럼 사랑은 의심과 함께할 수 없다. 사랑할 때 가장 중요한 것은 서로를 향한 신뢰다. 소풍같이 짧은 인생이라서 사랑하는 사람과 영원히 함께할 수 없다. 하지만 사랑은 서로에게 존재의 의미이자 삶의 목적이다. 사랑을 잃을까 봐 두려워서 사랑을 포기하지 말자. 생각보다 사랑의 힘은 위대하다.

결점까지 끌어안아라

· 에코의 포용 ·

결혼할 때 '검은 머리 파뿌리 될 때까지 함께하겠다'는 사랑의 서약을 한다. 그러나 미국을 비롯해 유럽의 여러 나라의 이혼율은 50퍼센트에 육박한다. 우리나라도 이혼율이 계속 상승 중이다. 왜 이혼율이 계속 높아지는 것일까? 연애할 때와 결혼한 후에 무엇이 달라지는 것일까? 사랑이 변하는 것일까? 아니면 사람이 변하는 것일까?

'왜 사랑하는가?'

'사랑이란 무엇일까?'

우리는 스스로 묻고 답할 수 있어야 한다. 물론 여기에는 수많은 답이 존재할 것이다. 특히나 연애 중이라면 '그녀는 정말 사랑스러워요', '제 연인은 저를 다 이해해 주어요'라고 대답할 수 있다. 그러나 많은 사람이 결혼한 후에 콩깍지가 벗겨졌다는, 사랑이 식었다는 이유로 서로에게 실망한다고 답한다.

행복한 결혼 생활을 하면서 결혼을 끝까지 유지할 수 있는 비결이 있을까? 사실 아무리 오랜 기간 연애했어도 서로 다 알지 못한 채로 결혼한다. 어쩌면 너무 사랑하기 때문에 상대방의 단점이 잘 안 보일 수도 있다. 결혼 전에 상대방도 단점 투성이의 인간에 불과하다는 사실을 깨달았다면 이별을 택했을지도 모른다.

결혼해서 같이 살다 보면 사랑이라는 환상에서 완벽해 보이던 상대방은 어느새 원수로 변해 있다. 그래서 《성경》에 "네 원수를 사랑하라"라고 그토록 강조했는지 모른다. 원수가 바로 내 가까이에 있으니 말이다.

사랑하는 이의
곁을 지키다

그리스 로마 신화에도 사랑 이야기가 많이 있다. 그중에 개인적으로 가장 슬픈 이야기는 바로 메아리가 된 요정 에코의 이야기다.

에코는 아주 착하고 사랑스러운 요정이다. 하지만 지나치게 말이 많다는 단점이 있었다. 어느 날 헤라가 요정과 바람을 피우는 남편 제우스를 찾기 위해 여기저기 돌아다니고 있었는데 에코의 수다 때문에 제우스를 놓치고 말았다. 헤라는 화가 나서 에코에게 메아리처럼 평생 다른 사람의 마지막 말만 따라하라는 저주를 내렸다.

어느 날 에코는 나르키소스가 홀로 들판에서 헤매는 것을 보고는 사랑에 빠져 몰래 그의 뒤를 따라다녔다. 하지만 잘생긴 나르키소스에게 사랑한다는 말 한마디도 꺼내 보지 못하고 그의 마지막 말만 계속 따라했다.

나르키소스가 사냥을 하다가 친구들과 헤어지며 "여기 누구 있니?"라고 소리쳤다. 그러자 에코가 "있니?"라고 대답했다. 사방을 둘러보아도 아무도 오지 않자 나르키소스는 다시 "왜 너는 나를 피하지?"라고 외쳤다. 그러자 에코는 그가 자기를 부르는 대로 똑같이 말했다. 그가 "우리 같이 가자"라고 대꾸하자 에코는 그의 목을 두 팔로 껴안았다. 하지만 나르키소스는 깜짝 놀라 "놓아라, 껴안지 말고! 네가 나를 사랑한다면 나는 차라리 죽는 게 낫다"라고 말하며 도망쳤다.

오비디우스는 《변신이야기》에서 외면당한 사랑에 상심한 에코를 이렇게 묘사했다.

"퇴짜를 맞은 뒤 그녀는 숲속에 숨어 부끄러운 얼굴을 나뭇잎으로 가렸고, 그 뒤로는 동굴에서 살았다. 사랑은 그녀의 가슴에 단단히 박혀 실연의 고통과 더불어 자라났다. 잠들지 않고 깨어 있는 근심으로 그녀의 몸은 비참하게 말라 갔다. 여위어 가며 살갗이 오그라들었고, 몸속 진액이 모두 대기 속으로 사라졌다. 그녀는 목소리와 뼈만 남았다. 그러다가 마침내 목소리만 남았다."

결국 에코는 사랑한다는 말 한마디도 꺼내 보지 못하고 나르키소스의 마지막 말만 계속 따라하다가 숲속 동굴에서 외롭게 죽었다. 깊은 산속에는 에코의 목소리만 남게 되었다. 지금도 깊은 산속에 가면 메아리, 즉 에코의 목소리를 들을 수 있다. 메아리를 뜻하는 '에코Echo'의 어원이 이 신화에서 유래되었다.

사랑하는 사람에게 외면당하는 것은 정말 슬프고 괴로운 일이다. 그러나 에코는 나르키소스가 물에 비친 자신과 사랑에 빠져 샘물에 빠져 죽을 때조차 그의 곁을 떠나지 않았다. 다른 요정들이 나르키소스의 죽음을 슬퍼하며 가슴을 두드릴 때 에코도 자신의 가슴을 두드렸다. 그렇게 에코는 자신의 사랑이 이루어지지 않았지만 변치 않는 사랑을 했다.

"그의 육신에는 전에 에코가 사랑했던 모습은 아무것도 남지 않

〈에코와 나르키소스(Echo and Narcissus)〉, 존 윌리엄 워터하우스, 1903년.

결점까지 사랑할 줄 아는 큰 그릇을 가져라.

수면에 비친 자신과 사랑에 빠진 나르키소스가 결국 물에 빠져 죽을 때까지 이를 애처롭게 지켜보는 이가 있었으니, 바로 메아리가 된 요정 에코였다.

았다. 에코는 여전히 그때 일을 원망하며 잊지 않고 있었지만 그 광경을 보자 마음이 아팠다. 그래서 가련한 소년이 "아아, 슬프도다!"라고 말할 때마다 그녀도 되울리는 목소리로 "아아, 슬프도다!"라고 대꾸했다. 나르킷수스가 두 손으로 자신의 어깨를 칠 때에도 그녀는 그가 치는 소리를 똑같은 소리로 돌려보냈다."

오비디우스, 《변신이야기》

왜 그럼에도 불구하고 사랑해야 하는가

결혼한 후에 좋은 일만 있다면 누구나 행복한 결혼 생활을 꾸려갈 수 있다. 하지만 인생은 그렇지 못하다. 아무리 사랑하는 사이여도 부부는 싸울 수밖에 없다. '내 곁에 있는 저 사람이 과거에 내가 정말 사랑했던 사람이 맞나'라는 의문과 '정말 내가 왜 저 인간을 사랑하는지 모르겠어!'라는 후회가 공존하다가 서로에 대한 기대가 더는 내려갈 수 없을 만큼 바닥을 치다 보면 어느새 이혼을 고민하기도 한다. 나와 노후를 함께할 사람과 행복한 관계를 맺기 위해서는 상대방의 단점이 보일지라도 사랑할 수 있어야 한다.

미국의 심리 치료사 바이런 케이티는 《나는 지금 누구를 사랑하는가》에서 배우자의 결함은 곧 자신의 결함이라고 말했다. 우리가 배우자를 마주할 때, 사실은 배우자를 있는 그대로 보는 것이 아니라 배우자가 어떤 사람일 것이라는 우리의 믿음을 보는 것이기 때문이다. 그렇기에 어떤 식으로든 배우자에게서 결함이 보인다면 그 결함은 곧 자신의 결함이라고 생각하라고 바이런 케이티는 제안한다. 배우자가 자신을 비추는 거울이라는 사실을 인정하지 못하면 관계는 괴로워진다는 것이다.

상대의 단점이 곧 나의 단점이라는 논리가 아이러니하게 들릴지 모른다. 그러나 상대방이 내가 원하는 대로 바뀌지 않는다고 단점을 지적하며 실망할 필요가 없다. 지적하는 나도 상대편이 바라볼 때 단점을 지니고 있기 때문이다. 예전에 결혼한 지 1년도 안 된 신혼부부가 치약을 짜다 이혼했다는 신문 기사를 본 적이 있다. 남편이 치약을 짤 때 치약 가운데를 눌러 짜자 아내는 끝에서부터 짜야 한다고 말했는데 사소한 문제로 말다툼을 하다가 그것이 감정싸움으로 크게 번져 이혼을 했다는 것이다. 치약짜개를 사거나 각자 치약을 쓰면 되는 문제다. 상대방의 단점을 지적하기 전에 나 자신을 먼저 돌아보아야 문제없이 결혼 생활을 잘할 수 있다.

엘리자베스 퀴블러 로스는 《인생 수업》에서 관계 속에서 서로의 모습을 비추어 보는 태도를 '거울 이론'이라고 말했다. 즉 언제나 관계의 중심은 나 자신이기 때문에 상대방을 비난하기에 앞서 문제가 상대방에게 있는지, 아니면 관계 자체에 있는지, 자기 자신에게 있는지를 먼저 스스로 물어야 한다는 이론이다. 상대방에게서만 문제점을 찾는다면 행복과는 거리가 먼 결혼 생활이 될 게 뻔하다.

세상은 바쁘게 돌아가고 서로가 짊어진 짐은 항상 무겁다. 행복한 결혼 생활을 유지하려면 서로에게 더 좋은 사람이 되기 위해 약속해야 한다. 그러다 보면 상대방이 날 아프게 하고, 짜증 나게 하고, 슬프게 해도 상대방을 사랑할 수밖에 없다. 부부는 삶이 끝날 때까지 유지되는 동반자 관계다.

혹시 홀로 아파 본 적이 있는가? 사람은 젊고 건강할 때는 모르지만, 늙고 건강을 잃어 아플 때 가장 외로움을 느낀다. 노후를 준비하는 마흔에게 앞으로 50년 이상 삶의 동반자가 옆에 있다는 것은 정말 행복한 일이다. 마흔 이후의 부부 관계는 서로에게 든든한 버팀목이 되어 주기에 더 소중하다.

숲속에서 "(그래서)사랑해"라고 외쳐 보자. "(그럼에도)사랑해"라는 대답이 저 멀리서 들려올 것이다. 메아리에서 요정 에코의 사랑이 느껴지지 않는가? 에코는 그래서 사랑하는 게 아니라 그럼에도 사랑하라고 우리에게 말하고 있다.

4장

나를 어디로 이끌어야 하는가

성장의 신화

01

진정 원하는 것을 좇아라

· 테세우스의 사명 ·

수많은 선택의 길에서 망설이고 방황할 때가 있었다. 그럴 때마다 전지전능한 누군가가 나타나서 어느 쪽으로 가면 되는지 정답을 알려 주기를 바랐다. 인생의 정답을 찾아 이리저리 돌아다녔지만 누구도 명확하게 길을 알려 주지 않아 불안에 떨었다.

오늘날 너 나 할 것 없이 막막한 현실 앞에 모두가 불안한 시간을 보내고 있다. 마흔이 되면 그동안의 경험을 통해 세상의 이치를 어느 정도 깨닫고 자리를 잡을 테니 안정적이고 충만한 삶을 살 것이라고 기대했다. 하지만 사실 마흔이야말로 불안이 큰 나이였다. 아무것도 이룬 것 없이 마흔에 다다랐다는 생각, 이제라도 의미 있는 삶을 살고 싶지만 도전과 모험을 하기에는 늦은 나이라는 생각, 언제까지 여러 책임을 짊어질 수 있을지 모르겠다는 생각으로 불안감에 떨었다.

인생은 무엇일까? 인생이란 '사람이 세상을 살아가는 일', '사람이 살아 있는 기간'을 말한다. 즉 한 인간이 태어나면서부터 죽을 때까지 주어진 한평생 동안 담는 모든 것을 말한다. 결국 인생은 '산다'를 의미한다. 마흔, 인생의 절반쯤 왔다고 볼 수 있다. 이제 남은 인생을 어떻게 살 것인가에 대해 반드시 생각해 볼 필요가 있다. 인생이라는 미로의 출구를 어떻게 찾아 나갈 것인가?

인생의 미로 앞에 나타나는 실타래

크레타의 왕 미노스는 황소의 모습으로 변신한 제우스가 에우로페를 업고 달아나서 크레타 섬에 이르러 낳은 세 아들 중 한 명이다. 형제인 라다만티스, 사르페돈과 크레타 섬의 왕위 계승 문제를 놓고 분쟁을 겪던 미노스는 자신이 신이 예정한 왕임을 입증할 증거를 달라고 포세이돈에게 기도했다. 포세이돈은 미노스의 간청대로 근사한 황소 한 마리를 보내 주었다. 이를 계기로 미노스는 크레타의 왕이 될 수 있었다.

그런데 미노스는 왕이 된 후에 그 황소를 포세이돈에게 제물로 바치고 제사를 지내겠다고 한 약속을 지키지 않았다. 너무나 자기 마음에 든 황소 대신 다른 황소를 제물로 바쳤다. 이 일로 크게 화난 포세이돈은 미노스를 벌하기 위해 파시파에가 황소를 사랑하여 욕정을 품게 만들었다. 파시파에는 태양신 헬리오스의 딸 중 한 명이자 미노스의 아내였다.

파시파에는 그리스 최고의 장인 다이달로스를 찾아가서 황소를 사랑하게 된 자신의 고민을 털어놓고 도움을 청했다. 이에 다이달로스는 파시파에에게 실물과 똑같은 암소를 만들어 주었다. 나무로 만들어진 암소는 속이 비어 있어서 파시파에가 암소 안에 들어가면 황소와 관계를 맺을 수 있었다. 그 결과 머리는 황소이고 몸은 인간인 미노타우로스가 탄생했다.

미노타우로스는 '미노스의 소'라는 뜻이다. 제우스가 황소로 변신하여 미노스의 어머니 에우로페를 유혹한 이야기를 돌아보면 미노스 집안과 황소는 깊은 관계가 있어 보인다.

미노스 왕은 미노타우로스를 보고 놀라움과 함께 두려움을 느꼈다. 그리고 곧장 다이달로스에게 가서 한 번 들어가면 다시 빠져나올 수 없는 미궁을 만들어 달라고 요청했다. 다이달로스는 세상에서 가장 유명한 미궁 라비린토스를 만들었고 황소 머리의 괴물 미노타우로스는 미궁에 갇혔다.

악당 프로크루스테스를 해치운 영웅 테세우스를 기억하는가? 테세우스가 아테네의 왕이자 아버지인 아이게우스에게 후계자로 인정받기 전의 일이었다. 미노스 왕의 아들 안드로게오스가 아테네의 왕 아이게우스를 방문했다가 갑자기 죽은 사건이 있었다. 아이게우스가 안드로게오스에게 황소를 죽여 달라고 부탁했는데 무시무시한 황소 뿔에 안드로게오스가 오히려 찔려 죽고 만 것이다. 몹시 화난 미노스 왕은 아테네로 쳐들어 가 아들의 죽음에 대해 책임을 물었다. 그 후로 아테네는 9년마다 크레타 섬의 미궁에 갇힌 괴물 미노타우로스에게 일곱 명의 처녀와 일곱 명의 총각을 공물로 받쳐야 했다.

후에 아이게우스를 찾아간 테세우스는 이 사실을 알고 자신이 죽는 한이 있더라도 미노타우로스를 죽이고 나라를 구하겠다며 공물 중의 한 사람으로 가겠다고 자원했다. 그렇게 테세우스는 젊은 총각과 처녀들과 함께 크레타로 향했다.

그런데 미노스의 딸인 아리아드네가 테세우스를 보고 반해 버렸다. 그녀는 다이달로스에게 가서 미궁에서 빠져나올 방법을 알려 달라고 부탁했다. 방법을 알아낸 아리아드네는 테세우스에게 "만일 저를 아테네로 데려간다고 약속해 주면 미궁에서 탈출하는 방법을 알려 드리겠어요"라고 제안했다. 테세우스는 그녀의 제안을 받아들였다.

아리아드네는 실타래를 건네주며 실타래의 한쪽 끝을 미로의 입구에 꼭 묶은 다음에 실을 풀며 안으로 들어가서 미노타우로스를 물리친 뒤 실을 따라 나오라고 테세우스에게 알려 주었다. 그리하여 테세우스는 실타래를 풀면서 안으로 들어갔고 미노타우로스를 죽이고 다시 실타래를 따라 무사히 미궁 밖으로 빠져나왔다.

마흔의 인생에 정답은 없다

미노타우로스의 미궁처럼 인생의 미로도 예고 없이 불쑥 나타난다. 미로에서 출구를 찾지 못하여 망설이거나 방황하는 사람들의 모습은 마치 인생이라는 미로를 헤매는 우리의 모습 같다. 하지만 신화를 보면 테세우스가 미궁에서 탈출할 수 있도록 도와주는 아리아드네의 실타래가 존재하듯이 인생에도 분명히 힌트가 있다.

나는 책을 읽으면서 '어떻게 살아야 할 것인가?'에 대한 질문의 답을 찾을 수 있었다. 스위스의 사상가 카를 힐티는 《잠 못 이루는 밤을 위하여》에서 "인간 생애 최고의 날은 자기 인생의 사명을 자

진정 이루고 싶은 것을 찾아라. 그리고 따라가라. 인생이라는 미로의 출구가 보일 것이다.

한번 들어가면 빠져나올 방법이 없는 미궁 앞에서 아리아드네가 테세우스에게 실타래를 건넨다. 실을 풀며 안으로 들어간 테세우스는 미노타우로스를 물리친 뒤 실을 따라 미궁을 빠져나온다.

〈테세우스와 아리아드네(Theseus and Ariadne)〉, 안젤리카 카우프만, 18세기.

각하는 날이다"라고 말했다.

진정으로 산다는 것은 자신에게 주어진 사명을 찾아 수행하는 것이다. 사명은 달성해야 하는 미션이다. 또 정말 하고 싶어서 꼭 해야만 하는 일이다. 사명을 찾아 꿈을 이룬 인생을 살았다면 그것이 가장 행복한 삶이다.

테세우스가 죽음을 무릅쓰고 공물이 되겠다고 자처한 것도 사명에 따른 행동이었다. 사명을 가졌기 때문에 절대 죽지 않았고, 죽으면 안 된다는 확고한 신념이 있었기 때문에 고난을 이겨 내고 시련을 극복할 수 있었다. 인간은 약하다. 그러나 사명을 만나면 무서운 힘을 발휘할 수 있고 강한 신념이 솟구치며 굳센 용기를 발동한다.

사실 마흔에 해야 하는 일은 너무나도 많기 때문에 온전히 자신이 원하는 삶을 살기는 어렵다. 링컨은 "누구든 나이 마흔이 넘으면 자신의 삶에 책임을 져야 한다"라고 말했지만, 사실 마흔이 책임지는 것은 자신의 삶뿐만이 아니다. 위로는 부모, 아래로는 자식을 책임져야 하기에 어깨가 무겁다. 이 책임을 벗어던지기란 쉽지 않다. 노후를 준비해야 한다고 생각하면 막막하고 불안하다. 모험을 추구하기보다 안정감을 유지해야 한다는 생각 때문에 의미 없는 나날을 보내기 쉽다. 예전 같지 않은 몸 때문에 마음은 작아지고 원하는 삶에 대한 욕망을 억누르면 그로 인해 후회와 공허함은 더욱 커져만 간다. 마흔에 원하는 삶을 살지 못하는 이유는 이 외에도 무수히 많다.

하지만 이제부터라도 '그저 해야 하는 일'이 아니라 자신이 '진정으로 하고 싶은 일'을 찾아 도전해 보자. 마흔에 자신이 진정으로 하고 싶은 일을 찾은 사람은 자연스럽게 열정적일 수밖에 없다. 결국 기적들은 자신의 사명을 수행하는 사람에게 일어나기 마련이다. 마흔의 인생에는 정답이 없다. 하지만 스스로 인생의 문제를 하나하나 풀어 가다 보면 해답을 찾을 수도 있다. 어쩌면 인생에 정답이 없다는 사실이야말로 해답이 아닐까?

인생의 시나리오는 내가 쓰는 것이다. 짜여진 각본은 없다. 상상력을 발동해 직감을 따라 쓰면 된다. 당신은 인생이라는 연극의 작가이자 감독이자 주인공이다.

02

바라는 마음으로 나아가라

・ 피그말리온의 갈망 ・

'벌써 이렇게 나이만 먹었구나.'

'해 놓은 것은 별로 없는데 시간은 참 빨리도 흘러갔구나.'

마흔이 되니 공허한 마음이 든다. 누구나 한 번쯤은 공허함을 마주한다. 20, 30대에 무언가를 간절히 바랐던 감각을 잊어버리고 그저 하루가 무사히 지나가기만을 바라며 안도하는 삶에 익숙해져 버렸다. 경쟁에서 뒤처지지 않기 위해 치열하게 달려왔다고 생각했는데 그저 하루하루를 수습할 뿐이었다는 생각에 삶이 공허하다. 이때를 잘 보내야 한다. 공허한 마음을 어떻게 다루는지

에 따라 앞으로의 삶의 방향이 달라지기 때문이다

이제는 인생의 질문들과 마주해야 한다.

'인생이란 무엇인가?'

'인생의 궁극적인 목적은 무엇인가?'

'나는 어떻게 행복할 수 있는가?'

"당신은 무언가를 간절히 원했던 적이 있나요?"

주위 사람들에게 자주 하는 질문이다. 자신 있게 "그럼요"라고 말하는 사람을 거의 만나지 못했다. 대부분 "글쎄요"라고 대답한다. 물론 나도 마찬가지다.

이는 내면의 소리에 집중하지 못하고 진정으로 자신이 원하는 것이 무엇인지 깨닫지 못했기 때문이다. 무언가를 간절히 원하기 위해서는 먼저 그 '무언가'에 무엇을 넣을 수 있을지를 생각해야 한다. 내가 무엇을 원하느냐가 앞으로 나의 인생 항로를 결정지을 방향키이기 때문이다. 대부분 자신이 무엇을 원하는지 모르는 경우가 많다. '무언가'의 자리에 들어갈 수 있는 것은 각자 다르다. 꿈꾸는 목표일 수도 있고 사랑의 대상일 수도 있으며 또는 물질적인 어떤 것일 수도 있다.

그렇다면 간절함이란 무엇일까? 피그말리온의 모습에서 우리는 간절함의 실체를 확인할 수 있다.

삶의 공허함을 멈추는 열쇠

피그말리온의 사랑 이야기는 고대 로마의 시인인 오비디우스의 《변신이야기》에도 등장한다. 오비디우스는 피그말리온의 사랑 이야기 전후에 다른 신화 이야기를 덧붙여 《변신이야기》에 등장하는 신화들의 맥락이 쭉 이어지도록 했다. 각각의 신화를 따로 분리하여 서술하지 않고 모두가 하나의 이야기인 것처럼 연결하여 서술하고 있다는 점이 큰 특징이다.

피그말리온의 사랑 이야기는 키프로스 섬을 배경으로 한다. 피그말리온은 그곳에 사는 조각가였다. 보티첼리의 〈비너스의 탄생〉에서 아프로디테가 하얀 물거품에서 태어나 조개껍데기를 타고 도착한 해변이 키프로스 섬 해변이다. 키프로스 섬은 그때부터 아프로디테를 모셔 왔지만 《변신이야기》에는 아프로디테가 그곳의 여인들에게 벌을 내리는 이야기가 나온다. 그들이 키프로스 섬의 수호신이자 사랑과 미의 여신인 아프로디테에게 불경했기 때문이다. 이들은 프로포이티데스 여인들로, 본래 키프로스 섬의 고대 도시였던 아마토스의 처녀들이다. 그녀들은 아프로디테의 신성을 모독했고 불경스러운 태도를 보였다.

그렇게 아프로디테의 노여움을 산 키프로스 섬의 여인들은 수치심 없이 매춘하는 형벌을 받으며 역사상 최초로 매춘부가 되었다. 결국 섬은 타락한 여자들로 가득 차게 되었다. 그런 이유로 피그말리온은 그곳의 여인과 사랑에 빠지지 못했다. 키프로스 섬에 사는 타락한 여자들에게 혐오감을 느껴 평생 혼자 살기로 결심한 그는 오로지 조각하는 일에만 몰두하며 지냈다.

그러던 어느 날 그는 상아로 여자 조각상을 만들었다. 조각상은 매우 정교하여 마치 살아 있는 사람처럼 느껴졌다. 자신이 만든 작품과 사랑에 빠진 피그말리온은 아프로디테의 축제가 있던 날 그 조각상과 닮은 여인을 만나 결혼하고 싶다고 간절히 기도했다. 아프로디테는 피그말리온의 간절한 기도에 감동하여 소원을 들어주기로 마음먹었다. 그 조각상에 생명을 불어넣어 준 것이다.

무엇이 미와 사랑의 여신 아프로디테의 마음을 감동시켰을까? 무엇이 피그말리온의 소원이 이루어질 수 있도록 길을 만들어 준 것일까? 아마도 피그말리온의 간절한 기도 때문일 것이다. 그의 간절함이 아프로디테에게 전달되어 감동을 주었기 때문이다.

조각상에서 사람이 된 그녀의 이름은 갈라테이아로, '우유 빛깔의 여인'이라는 뜻이다. 피그말리온은 자신의 소망을 이루어 준 아프로디테에게 깊이 감사했다. 피그말리온은 갈라테이아와 결혼하여 행복하게 살았다. 그리고 두 사람 사이에 파포스라는 여자아이가 태어났다.

피그말리온 이야기 다음에는 피그말리온의 자손 뮈라와 뮈라

〈피그말리온과 갈라테이아(Pygmalion and Galatea)〉, 장 레온 제롬, 1890년.

간절한 사람이 성공한다.
자신이 무엇을 원하는지 잘 알고 있기 때문이다.

피그말리온은 자신이 만든 이상적인 여인의 조각상과 사랑에 빠졌다. 사랑의 여신 아프로디테는 그 조각상에 생명을 불어넣어 주었다. 그 여인이 바로 '우유 빛깔의 여인'을 의미하는 갈라테이아다.

의 아들 아도니스의 이야기가 나온다. 피그말리온과 갈라테이아 사이에 태어난 딸 파포스가 낳은 아들 키니라스와 키니라스의 딸 뮈라에 관한 이야기다. 뮈라는 거부할 수 없는 신탁을 따라 그녀의 아버지 키니라스를 사랑하여 아버지와 자신 사이에서 아도니스를 낳았다. 하지만 운명의 장난으로 쓰디쓴 고난의 삶을 살다가 몰약 나무로 변해 버렸다. 그러나 뮈르는 몰약 나무로 변하기 전에 아도니스를 임신한 상태였다. 그렇게 아도니스는 몰약 나무에서 태어났다. 후에 아도니스는 아름답고 잘생긴 청년으로 성장하여 여신 아프로디테의 사랑을 받았다.

피그말리온은 아프로디테에게 갈라테이아와의 사랑을 선물받고 아프로디테는 피그말리온의 후손인 아도니스와 사랑에 빠졌다. 끝내 아도니스와의 사랑은 슬픈 이야기로 끝나지만 아프로디테가 피그말리온의 간절함에 감동하여 기도를 들어주지 않았다면 아네모네라는 꽃으로 환생한 아도니스의 이야기는 세상에 존재하지 못했을 것이다.

자신의 본성대로 살아라

심리학에서 '피그말리온 효과'는 간절히 원하면 이루어진다는 의미로 긍정적인 자기 암시가 좋은 결과로 이어지는 현상을 말한다. '하늘은 스스로 돕는 자를 돕는다'는 말처럼 강력한 마음의 힘은 하늘도 감동시켜 기적을 만들어 낸다. 특히 피그말리온 효과는 성공한 사람들에게서 나타나는 공통적인 현상이다. 강력한 자기 암시가 열정을 불러일으키고 그 열정이 큰 성공으로 이어진 것이다.

피그말리온은 조각상을 마치 살아 있는 사람처럼 대했다. 여러 가지 선물을 주기도 하고 진심으로 사랑을 고백하기도 했다. 옷도 입혀 주고 보석도 달아 주었다. 심지어는 조각상이 계속 서 있는 모습이 힘들어 보여 부드러운 깃털로 베개를 만들어 눕혀 주기까지 했다.

간절함의 대상을 찾기도 힘들지만 그 대상과 잘 지내는 것도 어렵기에 쉽게 포기하거나 놓쳐 버리지 않도록 긴장해야 한다. 어렵게 발견한 상대와 잘 지내기 위한 노력이 필요하다. 진짜 사랑은 상대방을 아끼고 이해하는 것이다. 서로에게 길들여지는 과정이다. 관계 안에서 함께 사랑이라는 조각상을 아름답게 가꾸어야 한다. 상대방의 허물은 덮어 주고 좋은 점은 계속 칭찬해 주어야 한다. 사랑하는 사람이 있는가? 피그말리온이 조각상을 간절한 마음으로 사랑했듯이 간절함으로 서로 사랑할 수 있어야 한다.

고대 로마 시대의 스토아 철학자 세네카는 모두가 행복하게 살기를 원하지만 정작 행복한 삶이 무엇에 달렸는가를 고민하는 데까지는 생각이 미치지 못한다고 말한다. 마흔에 공허함을 느끼는 가장 큰 이유는 세네카의 말처럼 바로 행복한 삶에 이르는 길을 잘못 들어섰기 때문이다. 우리는 정신을 차릴 수 없을 만큼 밤낮없이 일하고 있지만 정작 어디로 어떻게 갈지는 결정하지 못한 채 불안한 삶을 살아가고 있다.

마흔에 드는 공허함은 우리가 이 삶에서 얻고자 하는 것이 무엇인지를 확실하게 정할 때 채워질 것이다. 하지만 자신이 무엇을 진정으로 원하는지 결정할 때 한 가지 주의할 점이 있다. 세네카는 우리를 더욱 큰 불행으로 이끄는 것은 많은 동의를 얻은 것이 가장 좋다는 생각으로 소문에 따라 움직이는 것이라고 말한다. 다시 말해 행복한 삶을 이야기할 때, 표결하듯이 '이쪽이 다수요'라고 대답하는 것은 헛된 일이라는 것이다. 그래서 세네카는 "행복한 삶은 자신의 본성에 맞추는 삶"이라고 정의를 내린다. 어떤 사람이 어떻게 성공하여 부자가 되었는지 비법만을 따라할 것이 아니라 자신의 삶을 영원한 행복에 이르게 하는 것이 무엇인지 스스로에게 물어야 한다. 인생의 중반에서 진정으로 얻고자 하는 것이 무엇인지, 어떻게 거기에 가장 빠르게 도달할 수 있는지를 궁리할 때 자신만의 인생 공략집을 만들 수 있다. 당신의 인생을 송두리째 바꾸어 줄 인생 공략집이란 바로 당신의 간절한 마음속에 이미 존재한다는 사실을 기억하라.

또 무슨 일을 하든지 바라는 일이 이루어지려면 간절함이 무의식에 깊이 영향을 미칠 만큼 강력해야 한다. 기도나 명상을 통한 훈련은 인간의 잠재의식에 깊이 영향을 끼칠 수 있다.

혹시 이미 늦었다고 걱정하는가? 나는 남들보다 출발이 늦은 편이었다. 하지만 덕분에 더 간절할 수밖에 없었다. 지금은 간절했던 시간만큼 얻은 행복이 크다. 피그말리온은 늦은 출발 앞에 걱정하는 나와 당신에게 '간절히 원하면 이루어진다'고 이야기한다.

03

맺고 싶은 인생의 열매를 찾아라

· 아폴론의 자부심 ·

꽃다발을 선물해 본 적이 있는가? 상대방을 생각하며 가게에서 꽃을 고르는 일만큼 행복한 순간이 없다. 꽃들은 저마다 상징하는 바가 다르고 같은 종이어도 색상에 따라 꽃말이 달라진다. 리시안셔스의 꽃말은 '변치 않는 사랑'이다.

대개의 풀과 나무는 꽃을 피운다. 꽃봉오리가 꽃이 되어 만개하는 모습을 보고 있으면 생명이 움트는 순간의 아름다움을 느낄 수 있다. 식물이 아름답게 꽃을 피우는 힘은 어디에서 나오는 것일까?

꽃이 피고 지는 과정과 인간의 삶에는 비슷한 면이 많다. 인간은 이 세상에 아이로 태어나 어른으로 성장하다가 생을 마감한다. 꽃도 봉오리를 맺은 후 피고 지는 과정을 지난다. 인간을 꽃에 비교한다면 마흔은 개화, 만개, 낙화의 과정 중 어디에 위치한다고 할 수 있을까?

마흔의 우리는 이제 중년이 되었다. 청년과 노년 사이에 끼어 있는 중년, 즉 마흔은 20, 30대보다는 체력이 떨어지고 몸 여기저기에서 문제가 발생하는 때다. 정열적인 사랑을 상징하는 활짝 핀 빨간 장미꽃이 마흔의 꽃이라고 당당히 말할 수 있는가? 진정으로 '지금 내 인생은 장미꽃 같아'라고 생각할 수 있는가?

하지만 나는 마흔이라는 시기야말로 꽃이 활짝 피어 가장 아름다운 순간과 비슷하다고 생각한다. 나는 나이 마흔에 비로소 내면의 소리를 들을 수 있었다. 그때서야 이 세상에서 내가 해야 할 일이 무엇인지 깨닫고 이룰 수 있었다. 마흔이 되고 나서야 알았다. 마흔이 되기 전까지의 삶은 앞으로의 삶을 위한 전초전에 불과했다는 사실을 말이다.

자만심은 버리고
자부심을 가질 것

아폴론은 올림포스 12신 중 하나로 제우스와 레토 사이에서 태어났다. 그는 태양, 음악, 시, 예언, 의술, 궁술을 관장하는 신이다. 그리고 아르테미스와 쌍둥이 남매다. 아폴론은 대개 머리에 월계관을 쓰고 손에는 악기 리라를 들고 있는 아름다운 젊은이로 묘사된다.

아폴론의 악기 연주 실력은 따라올 자가 없었다. 현악기의 일종인 리라는 아폴론이 즐겨 연주하는 악기였다. 연주 실력만큼이나 음악에 대한 열정과 자부심이 대단했던 아폴론은 자신의 실력에 반기를 드는 이에게 응징을 내리기도 했다.

만지는 것마다 황금으로 변하는 저주에 걸렸던 미다스 왕을 기억하는가? 저주에서 풀려난 이후 그는 부귀영화를 멀리하며 궁전을 떠났다. 황금을 숭배하는 대신 산과 숲을 돌아다니며 목동과 목축의 신 판을 섬겼다.

판은 갈대로 만든 피리를 부는 것을 좋아했다. 그러다 우연히 음악의 신 아폴론과 대결을 펼치게 되었다. 판의 멋진 피리 연주와 아폴론의 감동적인 리라 연주를 듣고 심판관을 맡았던 산신 트몰로스는 아폴론의 승리를 선언했다. 함께 연주를 들은 청중들도 트몰로스의 판정에 동의했다. 오비디우스는 《변신이야기》에서 포이보스 아폴론이 리라를 연주하는 모습을 이렇게 묘사했다.

"포이부스의 금발에는 파르나수스 산의 월계수 관이 씌워 있었고, 튀로스의 자줏빛 염료로 물들인 그의 외투는 땅바닥을 쓸었다. 포이부스는 보석과 인디아의 상아를 박아 넣은 현악기를 왼손에 들고 있었고, 다른 손에는 채를 들고 있었다. 그 자세는 그가 예술가임을 말해 주었다. 이어서 그가 숙련된 엄지손가락으로 현을 뜯자, 트몰루스는 그 달콤한 가락에 매혹되어 판더라 그의 갈대를 키타라에 복종시키라고 명령했다. 신성한 산신의 판정과 판단은 모든 이의 마음에 들었다."

그런데 미다스 혼자만 판의 연주가 더 훌륭하다고, 트몰로스의 판정이 공정하지 못하다고 주장했다. 그 말을 듣고 분노한 아폴론은 미다스의 귀를 당나귀 귀로 만들어 버렸다.

그 후로 미다스는 자신의 귀가 수치스러워 귀를 감추려고 모자를 눌러쓰고 다녔지만 머리카락을 잘라 주는 이발사에게만큼은 귀를 감출 수가 없었다. 이발사는 미다스의 당나귀 귀를 사람들에게 말하고 싶어 미칠 지경이었으나 차마 그 비밀을 누설할 수 없었다. 결국 이발사는 들판에 땅을 판 후 구덩이를 향해 "임금님 귀는 당나귀 귀"라고 말하고는 다시 흙을 덮었다.

시간이 지나 그곳에 갈대숲이 우거졌다. 바람에 갈대들이 바스락거리면서 "임금님 귀는 당나귀 귀"라고 속삭이는 소리가 들렸다. 땅에 묻은 이발사의 말이 세상에 전해지면서 미다스 왕이 감추고 싶어 했던 치욕스러운 비밀은 결국 폭로되고 말았다. 음악에 대한 아폴론의 사랑과 자부심이 부른 억울한 결말이었다.

자만심은 오명을 남기고
자부심은 명예를 높인다.

월계관을 쓰고 리라를 든 아폴론이 목동의 신 판과 음악 대결을 펼친다. 산신 트몰로스가 아폴론의 편을 들자, 미다스 왕은 손가락으로 판을 가리키며 판의 연주가 더 훌륭하다고 말한다. 아폴론은 이에 분노하여 미다스의 귀를 당나귀의 귀로 만든다.

〈미다스의 심판(The Judgment of Midas)〉, 프란체스코 프리마티치오, 연도 미상.

아폴론은 뮤즈 칼리오페 사이에서 천상의 음악가인 오르페우스를 낳았다. 오르페우스는 뛰어난 연주 실력으로 저승의 신 하데스를 감동시켜 뱀에게 물려 죽은 아내 에우리디케를 이승으로 데려가려고 했던 이야기로 유명하다.

아폴론과 오르페우스를 보면 알 수 있듯이 음악가 집안에서 음악가가 나올 확률이 높다. 유전적으로 타고나는 재능을 무시할 수 없다. 여기에 더해 성장 과정 중에 받는 교육도 중요한 영향을 끼친다. 하지만 가장 중요한 것은 자기 스스로 느끼는 희열이다. 부모님이나 다른 사람의 의지가 아니라 자신의 바람에서 비롯된 열망이 있어야 한다.

안 될 이유가 아닌 될 방법을 찾아라

마흔을 지나 노년이 될 때까지 하고 싶은 일을 단 한 번도 하지 못하고 살아간다고 생각하면 정말 답답하지 않은가? 혹시 하고 싶지만 어쩔 수 없는 이유들로 지금까지 외면해 온 일이 있다면 마흔에야말로 오래전부터 품어 온 그 일을 운명으로 받아들여야 한다.

로마 제국의 후기 스토아학파 철학자 세네카는 《인생이 왜 짧은가》에서 우리의 수명이 길지 않은데다가 우리에게 주어진 기간이 너무도 신속히 지나가 대부분의 사람은 인생을 그저 준비만 하다가 떠나게 된다고 말했다. 세네카의 말처럼 영영 준비만 하다가 인생을 떠나기 직전에야 후회할 것인가? "인생은 짧고 예술은 길다"라는 유명한 말이 있다. 정말 인생은 짧아도 너무 짧다.

마흔을 넘으면 현재의 모습이 어릴 적 꿈꾸던 그 모습과 많이 달라도 아예 노력하기를 포기해 버린다. 마흔 즈음 나는 불투명한 미래 때문에 불안과 공포에 시달렸다. 하고 싶은 것이 많지만 현재의 안정감에 익숙해져 정신이 분산되며 삶이 무감각해졌다. 마흔에 느끼는 삶에 대한 감정은 권태다. 노력하는 삶을 살아야 한다는 생각과 이미 늦었다는 생각이 번갈아 들면서 딜레마에 빠져 버리는 것이다. 그러던 어느 날 문득 이런 생각이 들었다. 만약 내일 죽는다면 나는 무엇을 할 것인가?

혹시 무언가 알 수 없는 힘에 이끌려 무작정 달려가 본 적이 있는가? 마치 꽃봉오리가 아름다운 꽃으로 순식간에 피어나듯 생명력을 느끼면서 말이다. 마흔은 그런 생명력을 지닌 시기다. 꿈을 찾아 하나하나 다시 도전할 수 있는 생명력을 여전히 지니고 있는 마흔은 무언가를 시작하기에 아직 늦지 않았다.

마흔은 타인의 간섭 없이 스스로 깨닫는 시기다.

'나는 이 일을 꼭 해야 해.'

'이것이야말로 내가 가야 할 길이야.'

이 세상의 한 사람 한 사람은 모두 단 하나뿐인 씨앗으로 태어났다. 꽃씨가 발아하여 마침내 아름다운 꽃을 피우듯이 당신에게도 아름다운 꽃을 피울 무한한 잠재력이 있다.

물론 꽃은 시간이 지나면 시들지만 꽃이 지고 간 자리에는 열매가 맺히고 씨앗이 남는다. 시든 꽃을 아름답다고 생각하는 사람은 없겠지만 꽃은 그 과정으로 말미암아 열매와 씨앗이라는 결실을 맺는다.

바라는 모습에 내면의 힘과 열정을 더하면 꿈은 반드시 이루어진다. 당신이 맺고 싶은 인생의 열매를 찾아라. 리시안셔스의 꽃말처럼 오래도록 '변치 않는 사랑'을 불러일으키는 것이 당신에게는 무엇인가? 그것이 바로 당신의 과업이고 당신의 영원한 신화가 될 것이다. '이루어질까?'라며 의심하는가? 당신에게 반대로 묻고 싶다.

안 될 이유는 무엇인가?

04

달란트를 적극적으로 활용하라

· 헤파이스토스의 자질 ·

당신은 스스로가 '내 삶의 사장'이라는 생각을 해 본 적이 있는가? 경기가 좋지 않다는 말이 주변에서 많이 들린다. 인생의 순풍을 기다리지만 인생이든 다른 무엇이든 뜻대로 되지 않는다. 사장으로서 불경기에 대비하지 않았기 때문이다. 어쩌면 사업의 불경기, 인생의 불경기 모두 사장인 나의 책임이다.

주위를 보면 인생 초반에 성공을 거두어 후반에도 승승장구하는 사람들이 있다. 반면에 초장부터 인생이 꼬여 후반까지 계속 하락의 길을 걷는 사람도 있다. 이런 현상을 '마태 효과'라고 부르는데 부자는 더욱 부유해지고 가난한 자는 더욱 가난해진다는 부익부 빈익빈 현상을 뜻하는 사회학 용어다. 미국의 사회학자 로버트 머튼이 《성경》 마태복음 25장 29절의 "무릇 있는 자는 받아 풍족하게 되고, 없는 자는 그 있는 것까지 빼앗기리라"라는 구절을 읽고 만든 말이다.

빨리 성공한 사람은 이룬 것을 발판으로 명성과 인정의 단계로 나아간다. 그리고 이는 더 큰 성공을 위한 기회와 인맥 형성으로 연결된다. 성공은 더 큰 성공을 낳는다. 돈이 돈을 벌고 부자는 더욱 부자가 된다. 그렇다면 가난한 자와 약자는 영원히 현재를 벗어날 수 없는 것일까? 마태 효과를 극복하는 방법이 존재할까?

마태 효과를 극복하는 법

재능이 뛰어난 신이 있었다. 바로 대장장이 신으로 알려진 헤파이스토스이다. 헤파이스토스는 어렸을 때 어머니 헤라에게 미움을 받았다. 못생긴 절름발이로 태어났기 때문이다. 그의 모습을 혐오한 헤라는 결국 올림포스산에서 그를 던져 버렸다.

이에 복수하기 위해 헤파이스토스는 황금으로 의자를 만들어서 헤라에게 선물했다. 빛나는 황금 의자에는 보이지 않는 끈이 있어

옥좌에 앉은 헤라는 자리에서 움직일 수 없었다. 투명한 끈을 풀 수 있는 자는 오직 헤파이스토스밖에 없었다. 이렇게 헤라는 아들을 버린 죗값을 받았다.

대장장이 신이자 공예가이며 불의 신이기도 한 헤파이스토스는 자신의 손재주를 이용하여 다른 신들에게 훌륭한 장비를 만들어 주었다. 그가 만든 것으로는 헤르메스의 날개 달린 모자와 신, 판도라, 아프로디테의 허리띠, 아킬레우스의 갑옷, 헬리오스의 마차, 에로스의 활과 화살, 제우스의 번개 등이 있다.

헤파이스토스의 이야기 중에서 제일 놀라운 사실은 그가 바로 사랑과 미의 여신인 아프로디테를 아내로 맞이했다는 사실이다. 이 신화는 우리에게 잘 알려진《미녀와 야수》의 원형으로 볼 수 있다. 둘의 결혼에는 두 가지 설이 있다. 황금 의자에 묶인 헤라를 풀어 주는 조건으로 아프로디테와의 결혼을 약속받았다는 설과 번개를 만들어서 제우스에게 바친 뒤 그에 대한 보상으로 아프로디테를 아내로 얻었다는 설이다.

아프로디테는 본인의 의사와 상관없이 결혼했기에 못생기고 절룩거리는 헤파이스토스와의 결혼에 만족하지 못했다. 결국 아프로디테는 전쟁의 신 아레스와 바람이 났다. 아레스는 호전적이었지만 잘생긴 외모 덕분에 아프로디테의 정부가 되었다.

아프로디테와 아레스는 대낮에도 서슴지 않고 애정 행각을 일

신은 인간에게 각기 다른 달란트를 준다.
삶을 송두리째 바꿀 나만의 자질을 발견하라.

헤파이스토스는 제우스가 벼락을 내릴 때 쓰는 번개 창을 만드는 중이다. 그는 자신의 손재주를 이용하여 다른 신들에게 훌륭한 장비를 만들어 주었다. 올림포스 12신 중에서 가장 못생겼음에도 가장 아름다운 여신 아프로디테와 결혼했다.

〈비너스와 헤파이스토스 (Venus and Vulcan)〉, 코르넬리스 판 하를럼, 1590년.

삼았다. 이 둘을 하늘에서 보고 있던 태양신 헬리오스는 아프로디테의 불륜 사실을 헤파이스토스에게 전했다. 매우 화가 난 헤파이스토스는 헤라를 의자에 묶어 두기 위해 사용했던 눈에 보이지 않는 끈으로 그물을 만들어 아프로디테의 침대 위에 설치해 놓았다.

헤파이스토스가 덫을 설치했다는 사실을 알지 못한 채 아프로디테는 남편이 집을 비우자 곧바로 아레스를 불러들였다. 침대 위에서 벌거벗은 채 사랑을 나누기 시작하려는 순간에 갑자기 눈에 보이지 않는 그물이 나타나 그 둘을 덮쳤다. 헤파이스토스가 쳐 놓은 덫에 제대로 걸려들었다.

헤파이스토스는 모든 신을 불러 놓고 이 불륜의 현장을 보여 주었다. 망신을 톡톡히 당한 아프로디테와 아레스는 포세이돈의 중재로 겨우 그물에서 풀려날 수 있었다. 이후 아레스는 헤파이스토스에게 불륜 때문에 입은 정신적 피해에 대한 위자료를 충분히 지급하겠다고 약속했다.

모든 일에
때늦음이란 없다

달란트 비유로 유명한 《성경》 마태복음 25장 15절을 살펴보자.

"각각 그 재능대로 한 사람에게는 금 다섯 달란트를, 한 사람에게는 두 달란트를, 한 사람에게는 한 달란트를 주고 떠났더니."

이 구절과 관련된 전체 이야기는 이렇다. 주인은 여행을 떠나기 전에 세 명의 종을 불러서 자신의 재산을 맡겼다. 주인은 각 사람의 능력에 따라 각각 다섯 달란트, 두 달란트, 한 달란트를 나누어 주었다. 시간이 지나서 주인이 돌아왔다. 다섯 달란트를 가져간 종은 다섯 달란트를 더 남겼고, 두 달란트를 가져간 종은 두 달란트를 더 남겼다. 주인은 두 종을 칭찬하며 이후에 더 큰 일을 맡겼다.

한편 한 달란트를 가진 종은 한 달란트를 잃을까 봐 두려워서 돈을 땅에 묻어 두었다가 주인이 돌아왔을 때 받은 돈을 그대로 돌려주었다. 주인은 종을 칭찬하기는커녕 '악하고 게으른 종'이라고 혼내며 한 달란트를 빼앗아 열 달란트를 가진 종에게 주었다. 그리고 주인은 "무릇 있는 자는 받아 풍족하게 되고, 없는 자는 그 있는 것까지 빼앗기리라. 이 쓸모없는 종을 바깥 어두운 데로 내쫓아라"라고 말했다.

신은 인간에게 각자의 능력에 맞는 달란트를 주었다. 우리는 각자 다른 달란트를 받았다. 그럼에도 불구하고 마태 효과가 발생하는 이유는 각자가 받은 달란트를 제대로 활용하지 못했기 때문이다.

헤파이스토스의 공예 실력은 타고나지 않았다. 다른 신들과 다르게 절름발이로 태어난 그는 자신의 장애를 극복하기 위해 재능을 갈고닦았다. 결국 그는 훌륭한 실력 덕분에 올림포스 12신 중에서 가장 못생겼음에도 가장 아름다운 미의 여신 아프로디테와 결혼할 수 있었다. 자신의 재능을 갈고닦아서 얻어 낸 결과로 헤파이스토스는 마태 효과라는 저주에서 벗어날 수 있었다.

그러니까 무엇이든 시작하자. 늦지 않았다. 남들보다 뛰어난 재능을 발견하는 것이 일을 빨리 성취하는 것보다 훨씬 중요하다. '삶을 더 멋지게 살려면 어떻게 해야 할까?' 스스로에게 계속 질문하면서 항상 내면의 자아와 대화해야 한다.

또 재능을 찾았다 해도 열정을 더하지 않는다면 아무 소용이 없다. 지금 우리가 해야 할 일이 무엇인지를 선택하고 실천하는 일을 미루지 말자. 이 세상 모든 일에 때늦음이란 없다는 사실을 마음 깊이 새겨야 한다.

꿈은 또 다른 꿈을 낳는다

· 이카로스의 이상 ·

다이달로스는 아테네 출신으로 뛰어난 건축가이자 발명가다. 그가 다방면으로 천재적 재능을 지닌 장인이었던 이유는 바로 대장장이 신 헤파이스토스의 직계 후손이었기 때문이다.

어느 날 다이달로스는 누나의 아들 페르딕스를 제자로 받아들였다. 조카 페르딕스는 외삼촌보다 더 뛰어난 장인의 재능을 보였다. 다이달로스는 컴퍼스를 발명하고 물고기의 등뼈로 톱을 만드는 페르딕스의 재능을 시기하여 조카를 벼랑으로 떠밀어 버린다. 다이달로스는 조카를 죽인 혐의로 재판을 받고 결국 아테네에서 추방되어 미노스 왕이 다스리는 크레타로 가게 된다.

미노스 왕에 관한 이야기는 이미 영웅 테세우스 편에서 살펴보았다. 크레타 섬의 왕위 계승 문제를 놓고 분쟁을 겪었던 미노스는 자신이 신이 예정한 왕임을 입증하기 위해 바다의 신 포세이돈에게 간청을 해서 근사한 황소 한 마리를 받았다. 이를 계기로 미노스는 크레타의 왕이 될 수 있었지만, 왕이 되면 그 황소를 포세이돈에게 제물로 바쳐서 제사를 지내겠다는 약속은 지키지 않았다. 포세이돈은 미노스를 벌하기 위해 파시파에가 황소를 사랑하여 욕정을 품게 만들었다. 이때 다이달로스는 파시파에에게 실제 황소와 똑같이 생겼지만 속은 비어 있는 나무 암소를 만들어 주었다. 파시파에가 암소 안에 들어가 황소와 관계를 맺어 탄생한 괴물이 바로 머리는 황소이고 몸은 인간인 미노타우로스다.

미노타우로스를 보고 놀란 미노스 왕은 다이달로스에게 가서 미노타우로스를 가두어 둘 미궁을 만들어 달라고 요청했다. 다이달로스는 들어가는 입구는 하나지만 들어가면 다시 빠져나올 수 없는 라비린토스 미궁을 만들었다.

미노스 왕은 9년마다 아테네로부터 일곱 명의 청년과 처녀를 받아 미노타우로스에게 보냈다. 그런데 아테네의 왕자 테세우스가 스스로 제물이 되겠다고 자청하며 크레타 섬에 왔다.

다이달로스는 테세우스에게 첫눈에 반한 미노스 왕의 딸 아리아드네의 부탁으로 미궁을 빠져나오는 방법을 알려 주었다. 테세우스가 탈출했다는 사실을 알고 화가 난 미노스 왕은 미궁을 건축한 다이달로스와 아들 이카로스를 미궁 안에 집어넣으라고 명령했다. 결국 두 사람은 미궁에 갇히게 되었다. 이제 미궁을 빠져나가기 위한 방법은 하늘을 나는 방법밖에 없었다. 기나긴 크레타에서의 추방 생활에 싫증이 난 다이달로스는 고향을 그리워하면서 이렇게 말했다.

"그가 비록 육지와 바다를 봉쇄한다 하더라도 하늘이 열려 있는 것은 확실해. 나는 그 길로 가리라. 미노스가 모든 것을 소유한다 해도 대기는 소유하지 못하지."

오비디우스, 《변신이야기》

무모함인가 열정인가

다이달로스는 미궁 꼭대기에 난 구멍으로 떨어지는 새들의 깃털을 모았고 미궁 안의 벌집에서 밀랍을 구했다. 깃털들을 모아 가장 작은 깃털에 점점 더 긴 깃털을 붙여 나가는 방식으로 날개를 만들 구상을 했다. 다이달로스는 깃털의 가운데 부분은 실로 묶고 아래 부분에는 밀랍을 발라서 두 쌍의 날개를 만들었다. 그는 아들 이카로스에게 날개를 달아 주면서 너무 높이 날면 태양열에 밀랍이 녹아 날개가 떨어지고 너무 낮게 날면 바다의 습기 때문에 날개가 무거워져 바다에 추락하니까 조심하라고 당부했다.

"이카루스야, 내 너에게 일러두거니와, 중간을 날도록 해라. 너무 낮게 날면 네 날개가 물결에 무거워질 것이고, 너무 높이 날면 불에 타 버릴 테니까. 그 둘의 중간을 날아라!"

하지만 이카로스는 적당한 고도를 유지하며 비행해야 한다는 아버지의 경고를 잊고 높이 날아올랐다. 오비디우스는 그 당시를 "그때 소년은 대담한 비상에 점점 매료되기 시작하여 길라잡이를 떠나 하늘 높이 날고 싶은 욕망에 이끌려 더 높이 날아올랐다"라고 표현한다.

우리는 이카로스의 비행을 '미지의 세계에 대한 동경'이라고 비유한다. 태양을 향해 높이 날아오르고 싶었던 이카로스의 열정 때문이다. 태양과 가까워지면서 날개의 깃털들을 연결하고 있던 밀랍이 점점 녹기 시작했다. 결국 밀랍은 녹아 사라졌고 이카로스는 검푸른 바닷속으로 추락했다. 그 후로 그 바다는 '이카로스의 바다'라는 뜻으로 '이카리아해'라고 불린다. 이카리아해는 그리스의 에게해에 있는 남동부 이카로스 섬과 사모스 섬 사이의 바다다.

대부분 날개를 만든 다이달로스보다 아버지의 충고를 듣지 않

불가능하다는 생각, 서둘러 규정한 한계에 의문을 던져라.

바다로 떨어진 이카로스 주변에 바다의 요정들이 모여 슬퍼하고 있다. 비록 추락하여 날개는 붉게 타들고 몸은 검게 그을렸지만 불가능에 대한 이카로스의 도전과 패기는 높이 평가해야 한다.

〈이카로스를 위한 탄식 (The Lament for Icarus)〉, 허버트 제임스 드레이퍼, 1898년.

고 제멋대로 행동하다가 죽은 아들 이카로스를 훨씬 잘 안다. 그 이유를 조병준 교수는 《그리스 신화 패러다임》에서 이렇게 설명했다.

"다이달로스가 이카로스에게 강조했던 가르침, 즉 너무 높지도 너무 낮지도 않게 날아야 한다는 가르침은 그리스 철학이 이상으로 삼고 있는 중용의 미덕을 상징한다. 반면 이런 가르침을 무시하고 하늘 높이 날아오른 이카로스는 삶의 열정을 의미한다. 그리고 그가 빠진 바다는 삶 그 자체요 현실을 의미한다고 해석된다. 우리 인간은 합리적 이성을 존중하며, 그것을 필요로 한다. 하지만 우리는 차가운 이성보다 뜨거운 열정에 더욱 매력을 느끼는 성향이 있다. 삶이란 어쩌면 일단 시작되면 죽을 때까지 빠져나올 수 없는 미궁일 것이다. 그리고 우리가 제아무리 중용과 금욕을 강조한다 할지라도, 우리는 결국 생이란 거대한 바다에 빠져 허우적대다가 사라져가는 이카로스에 불과하다고 생각된다. 우리가 이카로스에게 연민과 사랑을 느끼는 이유가 바로 여기에 있는 것이다."

일반적으로 이카로스 이야기는 헛되고 무모한 행동을 경고하기 위해 자주 인용된다. 그러나 나는 하늘을 높이 날고 싶은 욕망에 이끌려 뜨거운 태양을 향해 날개를 펼친 이카로스를 칭찬하고 싶다. 이카로스는 헛된 꿈을 추구했던 자가 아니라 자신의 이상을 향해 거침없이 도전하는 자였다. 자신의 한계를 인정하지 않고 꿈을 향해 끝없이 도전하는 진정한 영웅이었다.

꿈을 이루기 위한 다섯 가지 조건

"너는 꿈이 뭐니?"

"너는 커서 뭐가 되고 싶니?"

우리는 어릴 때부터 부모님과 주위 사람들로부터 꿈에 대한 질문을 자주 받았다. 천진난만하고 해맑게 꿈꾸며 이야기하던 과거의 나와 수많은 친구를 생각해 본다. 그들은 지금 어디서 무엇을 하고 있을까? 이제 다들 중년이 되어 어린 시절의 꿈과는 먼 삶을 살고 있을지도 모르겠다.

사람은 어느 정도 안정된 위치에 서면 현실에 안주하는 것 같다. 더는 꿈꾸지 않고 그대로 멈추어 버린다. 현실적으로 말하자면 꿈꿀 여력이 없기도 하다. 특히 마흔이 고비다. 마흔 즈음 되면 인생을 열정 없이 대하는 주위 사람들을 흔히 볼 수 있다. 너무나 안타깝다.

꿈이 없는 사람은 죽은 사람이다. 꿈은 꾸는 자의 것이다. 그러나 꿈은 저절로 이루어지지 않는다. 꿈을 이루려면 행동으로 옮기는 실천이 반드시 필요하다. 또 그 꿈은 실현 가능한 꿈이어야 한다. 무모한 꿈에 빠져 인생을 낭비하면 안 된다.

'이제 어디로 가야 할까?'

꿈 앞에 한 단계 다가설 때마다 이렇게 질문하다 보면 다음 꿈을 발견하게 된다. 이것은 꿈을 이루는 하나의 과정이다. 때로는 이미 성공한 사람이, 때로는 책이, 때로는 친구들이 꿈을 위한 도움을 제공해 줄지도 모른다.

꿈을 이루려면 다섯 가지 요소가 꼭 필요하다.

자신이 원하는 꿈을 찾아라

가장 중요하지만 그만큼 오랜 시간이 걸리는 일이다. 그래도 포기하지는 말자. 계속 찾다 보면 결국 찾게 될 것이고 어느 순간 섬광처럼 나타날 수 있다.

행동으로 옮겨라

스토아 철학자이자 로마의 제16대 황제 마르쿠스 아우렐리우스는《명상록》에서 "목표를 향하여 서둘러라. 그리고 헛된 희망을 버리고, 네 자신이 염려된다면 아직도 그럴 수 있을 때 네 자신을 돕도록 하라"라고 말했다. 명확한 목표를 설정한 후 행동으로 옮기는 것이 가장 중요하다는 말이다.

실현 가능한 꿈을 꾸어라

누가 봐도 무모하고 불가능한 꿈은 일단 제외하자. 헛된 꿈을 좇으면 시간만 갉아먹는다. 대신 배움을 멈추지 말라. 강의도 듣고 상담도 받으면서 자기 자신의 성장을 위해 돈을 투자하라. 당신의 성공을 몇 년 앞당겨 줄 것이다.

꿈을 이룬 후에는 다음 꿈을 설계하라

꿈이 실현되었다면 다음 꿈을 이루기 위한 기회를 얻은 것이다. 모든 순간을 영원히 살 것처럼 꿈꾸고 오늘 죽을 것처럼 살아야 한다.

멘토를 찾아라

꿈을 이루는 과정에는 많은 도움이 필요하다. 당신에게 사업적으로, 정신적으로 도움을 줄 수 있는 멘토를 찾아라.

무엇이 이카로스로 하여금 더 높이 비상하고 싶게 만들었을까? 이카로스는 미궁을 탈출하는 꿈을 이루었지만 거기에서 만족하지 않았다. 꿈이 또 다른 꿈을 낳은 것이다. 더 높이 더 열정적으로 또 다른 꿈을 향해 나아갔다.

인생은 마음먹은 대로 되지 않을 때가 많다. 시간을 돌아보면 눈물이 나고 후회스러운 순간도 많았다. 한쪽 날개가 부러진 채 마음이 혼란스럽고 정신이 혼미했던 나날들도 있었지만 지금부터 암울한 과거는 잊기로 결심하자. 꿈을 향해 끝없이 도전하는 이카로스처럼 비상의 날개를 펼쳐 보는 진정한 영웅이 되어 보면 어떨까? 마흔인 우리는 이카로스처럼 대담한 비상을 꿈꿀 나이다.

정해진 조건에 굴복하지 마라

· 오이디푸스의 대항 ·

'과연 정해진 운명이라는 게 있을까' 고민한 적이 있다. 우리는 우리의 의지와 상관없이 이 세상에 던져졌다. 이 넓은 세계에서 하필이면 지금 왜 여기에 존재하고 있을까?

티케는 행운의 여신 또는 운명의 여신이다. 로마 신화에서는 행운의 여신을 '포르투나'라고 부른다. 머리에 왕관을 쓴 티케는 한 손에는 풍요의 상징인 염소의 뿔 '코르누 코피아이'를, 다른 한 손에는 운명의 키를 들고 있다. 우리가 이미 앞에서 살펴본 기회의 신 카이로스는 바로 올림포스의 주신 제우스와 행운의 여신 티케

사이에 태어난 아들이다. 모자 관계인 티케와 카이로스는 유전적으로 외모가 비슷하여 앞머리는 숱이 많은데 뒷머리는 아예 없다.

이탈리아에는 "행운의 여신에게는 오로지 앞머리만 있다"라는 속담이 있다. 행운의 여신이 찾아왔을 때, 즉 기회가 왔을 때 앞에서 바로 잡아야 한다는 의미다. 행운은 오직 준비된 자에게만 찾아온다. 행운의 여신이 떠나면 잡으려 해도 잡을 수가 없다.

어떻게 해야 운명의 여신이 오는 길목에서 기다리다가 바로 기회를 낚아챌 수 있을까? 운명의 여신은 모든 사람에게 공평하게 찾아오지만 둥그런 구체 위에 서 있기 때문에 무척 변덕스럽다고 한다. 행운을 가져다주기에 앞서 우리를 시련이라는 상황에 빠뜨리기도 한다.

이 세상에는 시련을 극복한 사람과 극복하지 못한 사람이 있다. 후자는 시련이라는 관문을 통과하지 못해 실패자로 남고 전자는 시련을 꿋꿋이 헤치고 나가 운명의 여신의 뿔을 쟁취한다.

16세기 르네상스 시대 이탈리아의 역사학자이자 정치 사상가였던 마키아벨리는 《군주론》에서 "운명이란 우리의 행동에 대해서 반만 주재할 뿐이며 대략 나머지 반은 우리의 통제에 맡겨져 있다"라고 말했다. 그는 운명의 여신을 험난한 강에 비유한다. 만약 우리가 운명에 대항하기 위해서 아무런 역량을 갖추지 않는다면 운명의 여신이라는 강은 순식간에 덮쳐와 우리를 몰락하게 만든다는 것이다. 마키아벨리는 운명의 여신은 덜 신중하고, 보다 공격적이며, 그녀를 더욱 대담하게 다루는 청년들에게 더 이끌린다고 말한다. 따라서 우리는 거대한 우연의 힘이 필연이 될 수 있도록 자신의 역량을 키우고 과감하게 나아갈 필요가 있다.

우리는 필연적으로 운명에 맞서야 한다

오이디푸스는 원래 테바이의 왕 라이오스의 아들이다. 라이오스는 아들의 손에 죽게 된다는 신탁을 받았다. 하지만 그는 어떻게든 자신의 운명을 피하고 싶었다. 그래서 아들을 죽이기로 결심했다. 라이오스 왕은 아이의 두 발목을 가죽 끈으로 꽁꽁 묶어 산에 갖다 버렸다. 그러나 아이는 코린토스의 양치기들에게 발견되었고 그들은 아이를 자신들의 왕인 폴리보스에게 데려갔다. 폴리보스 왕은 오이디푸스를 양자로 삼았다. 오이디푸스는 코린토스의 왕자로 성장했다.

어느 날 오이디푸스는 델포이 신전을 찾아갔다. 그런데 자신이 아버지를 죽이고 어머니와 결혼할 것이라는 신탁을 듣게 되었다. 오이디푸스는 비참한 운명을 피하고 싶었다. 그래서 코린토스를 떠났다. 오이디푸스는 폴리보스가 자신의 친아버지가 아니라는 사실을 알지 못했다.

그러던 어느 날 테바이로 가는 좁은 길목에서 오이디푸스는 친아버지인 라이오스의 일행과 마주쳤다. 오이디푸스는 라이오스가 자신의 친아버지라는 사실을 미처 알지 못했다. 좁은 길목을 누가 먼저 지나갈 것인지를 두고 싸우다가 오이디푸스는 라이오스 왕을 우발적으로 죽이고 말았다. 피하고 싶었던 불행한 운명이 끔찍한 현실로 바뀌는 순간이었다.

그 일이 있고 여기저기를 떠돌던 오이디푸스는 또다시 테바이로 향하던 길목에서 이번에는 스핑크스와 마주쳤다. 괴물 스핑크스는 자신과 마주치는 모든 사람에게 똑같은 질문을 반복했다.

"아침에는 네 발로 걷다가 낮에는 두 발로, 저녁에는 세 발로 걷는 동물은 무엇인가?"

스핑크스는 높은 바위 위에 앉아서 지나가는 사람들에게 수수께끼를 내고 그들이 문제를 풀지 못하면 바로 잡아먹었다. 당시 테바이인들은 큰 두려움에 떨고 있었다. 오이디푸스는 스핑크스의 수수께끼에 바로 대답했다.

"그건 바로 사람이지."

오이디푸스가 답을 맞추자 스핑크스는 분에 못 이겨 절벽에서 뛰어내렸다. 테바이인들은 스핑크스를 없애 준 오이디푸스에게 감사하며 그를 왕위에 앉혔다. 오이디푸스는 왕비 이오카스테를

〈오이디푸스와 스핑크스(Oedipus and the Sphinx)〉, 귀스타브 모로, 1864년.

자신의 운명을 사랑하되
정해진 조건에 굴복하지 마라.

괴물 스핑크스가 "아침에는 네 발로 걷다가 낮에는 두 발로, 저녁에는 세 발로 걷는 동물은 무엇인가?"라고 묻고, 오이디푸스가 "그건 바로 사람이지"라고 답하고 있다. 문제의 답을 맞춘 오이디푸스는 스핑크스를 물리치고 왕위에 오른다.

아내로 삼아 자식들을 낳았다. 그녀는 그의 친어머니였다.

몇 년이 흐른 후에 테바이에 기근과 역병이 일어났다. 오이디푸스는 고통의 원인을 묻기 위해 신탁을 구했다. 신탁을 통해 자신의 범행을 전해 들은 오이디푸스는 괴로움에 몸부림치다 결국 자신의 눈을 찔러 멀게 했다.

장님이 된 오이디푸스는 테바이에서 추방되어 딸 안티고네와 함께 방랑길에 나섰다. 안티고네는 오이디푸스의 딸이지만 그녀의 어머니를 기준으로 하면 오이디푸스의 여동생이기도 했다. 안티고네는 아버지가 콜로노스에서 최후를 맞이할 때까지 극진히 보살폈다. 모든 사람이 오이디푸스를 손가락질할 때도 그녀는 아버지를 떠나지 않았다. 하지만 안티고네는 절망적이었을 것이다. 수많은 눈물과 슬픔을 안고 불행한 삶을 받아들여야만 했다.

오이디푸스가 테바이를 떠나자 그의 두 아들 에테오클레스와 폴리네이케스는 테바이의 왕위 문제를 둘러싸고 싸우기 시작했다. 두 형제는 서로에게 맞서 결투하다가 죽는 비극을 맞이했다. 결국 외삼촌인 크레온이 왕이 되었다. 크레온은 에테오클레스를 위해서는 성대한 장례식을 치러 주었지만 폴리네이케스는 조국을 공격한 역적으로 몰아 시신을 매장하지 못하게 했다.

안티고네는 오빠인 폴리네이케스의 시체가 들판에 버려진 채 썩는 모습을 보고 안타까운 마음에 크레온의 명령을 어기고 흙을 뿌려 장례 의식을 행했다. 안티고네의 행동에 크게 분노한 크레온은 그녀를 직접 죽이지는 못하고 지하 동굴에 가두어 버렸다. 안티고네의 약혼자이자 크레온의 아들인 하이몬이 안티고네를 변호했지만 크레온은 마음을 바꾸지 않았다.

그러자 예언자 테이레시아스가 나타나 나라에 불길한 징조가 나타나고 있다며 산 자는 지상으로 돌아오게 하고 죽은 자는 무덤에 매장해야 한다고 조언했다. 예언자의 말을 듣고 크레온은 안티고네를 풀어 주라고 했다. 그러나 때는 이미 늦었다.

안티고네는 바위 동굴 속에서 목을 매고 자살했다. 안티고네의 소식을 들은 하이몬은 슬퍼하다가 그 또한 자살하고 말았다. 크레온의 아내 에우리디케는 아들 하이몬이 죽자 절망하여 목숨을 끊고 아들의 뒤를 따랐다. 죽음이 또 다른 죽음을 불렀다.

운명을 사랑하는 진정한 방법

신화 속 오이디푸스는 정해진 운명을 있는 그대로 받아들이지 않고 자신의 운명을 극복하기 위해 적극적으로 노력했다. 우리는 삶의 주인으로서 인생을 자기 주도적으로 살아야 한다. 자기 주도적인 사람은 운명을 지배하는 힘을 갖고 있다. 운명을 지배하는 것은 내면의 힘이다. 내면의 힘은 정해진 운명을 박차고 나아갈 만큼 큰 힘을 발휘한다.

독일의 철학자 프리드리히 니체는 《즐거운 학문》에서 "나는 사물에 있어 필연적인 것을 아름다운 것으로 보는 법을 더 배우고자 한다"라고 말한다. 여기서 필연적인 것을 아름답게 본다는 것은 피할 수 없는 것을 그대로 긍정하는 마음 자세를 말한다. 이것이 니체 사상의 중심을 이루는 '아모르파티Amor fati'다. 아모르파티는 '네 운명을 사랑하라'라는 의미이며 '운명애'라고도 한다.

우리의 삶은 일방적인 것과 바꿀 수 없는 것들로 가득 차 있다. 태어나기 전부터 정해진 조건들과 지금까지 살아온 자신의 과거는 절대로 바꿀 수 없다. 그래서 니체는 우리에게 자신의 운명을 사랑하라고 말했다. 그렇지만 그것이 주어진 운명에 그저 굴복하는 수동적인 태도를 말하지는 않는다. 자신의 삶에 주어진 시련과 고난을 긍정하고 그것을 적극적으로 극복하려고 노력하는 데 큰 의미가 있다.

우리는 필연적으로 운명과 맞서야 하는 존재다. 피할 수 없다면 즐겨야 한다. 이미 계획되어 있는 시련과 아프고 방황할 수밖에 없는 삶의 순간들 앞에 우리는 잠시 멈추어 서 있을 수 있다. 하지만 앞으로 나아가야만 한다. 결국 모든 계획은 나를 찾아가는 과정인 동시에 우리의 인생이자 운명이다.

5장

어떻게 이 삶을 모험할 것인가

용기의 신화

내면의 빛을 마주하라

· 제우스의 열정 ·

예쁜 카페나 레스토랑에 가면 당신은 주로 어디에 앉는가? 앉는 자리에 대한 취향은 개인마다 다르지만 대부분 창가 쪽 자리를 선호한다. 아마도 낮에는 따사로운 햇살과 아름다운 전경을, 밤에는 황홀한 야경을 볼 수 있기 때문이 아닐까.

따뜻하고 싱그러운 봄 햇살이 포근하게 비칠 때 인간의 몸속에서는 행복 호르몬인 세로토닌이 분비된다. 봄의 따사로운 햇빛을 맞을 때 아늑하고 애틋한 사랑이 곧 시작될 것만 같아 심장이 두근거리기도 한다. 추운 겨울에 따뜻한 봄날이 그리워지는 이유다.

제우스는 올림포스 최고의 신, 주신主神이다. 빛을 주관하는 신으로 신과 인간이 잘못을 저질렀을 때 천둥과 벼락으로 응징했다. 또한 제우스는 다른 모든 신의 힘을 합한 것보다 훨씬 강했다고 한다. '신과 인간의 아버지'로 불렸다.

가슴속의 열정만큼 강한 빛을 가진 신

제우스는 올림포스 최고의 자리를 차지했지만 그럼에도 불구하고 위엄과는 상반되는 행동을 보이기도 했다. 특히 제우스는 수많은 여인과 끊임없이 애정 행각을 벌이며 자식을 낳았다. 아내 헤라에게 들키지 않기 위해 온갖 속임수를 썼으며 다른 모습으로 변신하기도 했다. 최고의 위엄을 갖추고 있으면서도 그는 왜 바람둥이 행동을 하게 되었을까?

세계적인 신화학자인 이디스 해밀턴은《해밀턴의 그리스 로마 신화》에서 여러 신이 한데 융합되어 제우스에 대한 노래와 이야기가 형성되었기 때문이라고 말한다. 나는 여기서 제우스의 끝없는 연애 행각을 몇 편만 소개하기로 한다.

황소가 된 이오

강의 신 이나코스에게는 아름다운 딸 이오가 있었다. 이오는 원래 헤라를 모시는 사제였다. 그런데 바람기 많은 제우스가 이오에게 사랑에 빠져 그녀를 유혹했다. 제우스는 아내 헤라의 감시를 피하기 위해 어두운 구름으로 주위를 덮고 이오와 사랑을 나누었다.

밝은 대낮에 느닷없이 밀어닥친 어둠을 수상하게 여긴 헤라는 하늘에서 내려와 구름을 흩어 버렸다. 제우스는 헤라가 올 줄 알고 이오를 하얀 암소로 둔갑시켰다. 헤라는 모르는 체하며 제우스에게 암소가 너무 아름다우니 선물해 달라고 말했다. 제우스는 거절하면 더욱 의심받을 것 같아 그대로 암소를 넘겨주었다. 헤라는 눈이 백 개 달린 아르고스에게 암소를 감시하라고 명령했다. 잠을 잘 때도 몇 개의 눈을 뜨고 있는 아르고스에게서 암소를 구해 낼 방법은 없었다.

이오의 불행을 보다 못한 제우스는 자신의 아들이자 전령의 신인 헤르메스에게 아르고스를 죽이라고 시켰다. 헤르메스는 갈대로 만든 피리를 불어서 아르고스를 깊은 잠에 빠뜨린 후 아르고스의 목을 베어 버렸다. 아르고스의 죽음을 안타까워한 헤라는 아르고스의 눈을 빼내어 자신이 가장 좋아하는 공작새의 날개에 장식으로 달았다.

헤라는 집요하게 암소 이오를 괴롭혔다. 쇠파리를 보내서 이오를 쉴 새 없이 찌르도록 만들었다. 고통으로 광기와 공포에 휩싸인 이오는 여러 나라로 도망을 다녔고, 그렇게 이오가 쇠파리를 피해 미쳐 날뛰며 건넌 바다를 '이오니아해'라고 부른다.

이오는 이집트 나일강에 도착해서야 쉴 수 있었다. 제우스는 그제서야 이오를 다시 사람으로 되돌려 주었다. 이후 이오는 아들 에파포스를 낳았고 이집트의 왕 텔레고노스와 결혼하여 행복하게 살았다.

황소의 등에 올라탄 에우로페

제우스와 사랑을 나눈 또 다른 여인은 페니키아의 왕 시돈의 딸 에우로페다. 유럽Europe의 어원이 된 에우로페는 페니키아에서 가장 아름다운 공주였다. 시돈 해변에서 시녀들과 함께 노는 에우로페를 지켜보던 제우스에게 장난꾸러기 에로스가 황금 화살을 쏘았다. 그 순간 제우스는 에우로페의 미모에 반해 사랑에 빠졌다.

헤라가 없는 틈을 타 에우로페에게 접근하기 위해 제우스는 멋진 황소로 변신했다. 멋진 뿔이 달린 사랑스러운 황소가 다가가자 에우로페는 황소의 등을 부드럽게 쓰다듬어 주었다. 아주 온순하고 부드럽게 생긴 황소에게 에우로페는 더욱 가까이 다가갔다. 마치 자기 등에 타 보라는 듯 엎드린 황소의 위로 에우로페가 올라

타자 그 순간 황소는 벌떡 일어나 해변을 향해 내달리더니 바다를 헤엄쳐 사라졌다. 황소는 크레타 섬까지 헤엄쳐 갔다. 동굴에서 황소는 제우스로 변신해서 에우로페와 사랑을 나누었다.

에우로페와 제우스 사이에서 미노스, 라다만티스, 사르페돈 삼 형제가 태어났다. 후에 에우로페는 크레타의 왕 아스테리오스와 결혼하였다. 제우스는 그녀에게 세 가지 결혼 선물을 주었다. 첫 번째 선물은 외부인의 침략으로부터 지켜 주는 청동 인간 탈로스였고, 두 번째 선물은 절대로 과녁을 빗나가지 않는 창이었고, 마지막 선물은 사냥감을 놓치지 않는 사냥개였다. 아스테리오스는 에우로페의 아들들을 양자로 삼았고 나중에 왕위도 물려주었다.

재가 되어 버린 세멜레

세 번째는 사랑하는 사람을 의심하여 스스로 재가 된 공주 세멜레의 슬픈 이야기다. 세멜레는 테베의 왕 카드모스와 그의 아내 하르모니아 사이에서 태어난 딸이자 디오니소스의 어머니다.

세멜레는 제우스의 사랑을 받은 여인 중 가장 불행했다. 세멜레가 제우스의 아이를 임신한 사실을 알고 질투심에 불타오른 헤라는 세멜레의 유모로 변장해 당신의 애인이 제우스가 아닐 수도 있으니 그의 진짜 정체를 확인해 보라고 의심을 불러일으켰다. 그날 밤 세멜레는 제우스에게 부탁이 있다고 말했다. 제우스는 무엇이

든 다 말해 보라고 대답했다. 한 번 맹세하면 절대 깨뜨릴 수 없는 스틱스강에 대고 약속까지 했다. 세멜레는 제우스의 본래 모습을 직접 보는 것이 자신이 가장 바라는 일이라고 말했다. 제우스는 세멜레를 만류했다. 어떤 인간도 천둥과 번개를 동반한 자신의 본모습을 볼 수 없다는 사실을 알고 있었기 때문이다.

그러나 의심으로 가득 찬 세멜레의 고집을 꺾을 수 없었다. 제우스는 하는 수 없이 천둥과 번개를 동반한 채 엄청난 후광을 드러내며 세멜레 앞에 본모습으로 나타났다. 세멜레는 그 자리에서 바로 불에 타 죽고 말았다.

세멜레가 제우스의 번갯불에 타 죽는 순간 제우스는 그녀의 몸에서 태아를 재빨리 구해 내 자신의 허벅지에 집어넣었다. 제우스의 허벅지에서 태어난 아이가 바로 포도주의 신 디오니소스다.

열정은 성공을 낳는다

제우스는 다른 여인과의 애정 행각을 들키지 않으려고 온갖 속임수를 일삼아 전지전능함과는 거리가 먼 모습을 보여 주었다. 그런 그가 그럼에도 불구하고 최고의 자리에 오를 수 있었던 비결은 무엇일까?

쉽게 냉랭해지고 사그라지는 마음을 빛나는 열정으로 압도하라.

제우스의 아이를 임신한 세멜레는 헤라의 질투로 인해 제우스의 본모습을 보고 천둥과 번개에 타 죽는다. 제우스는 불에 탄 세멜레의 몸에서 아기를 꺼내 자신의 허벅지에 집어넣었다.

〈제우스와 세멜레(Jupiter and Semele)〉, 귀스타브 모로, 1895년경.

미국의 사상가인 랄프 왈도 에머슨은 "열정은 성공을 낳는다"라고 말했다. 열정이라는 단어는 '신 또는 초인적인 존재가 가진 힘'이라는 뜻의 그리스어 '엔테오스entheos'와 '엔토우스enthous'에서 유래했다. 단어의 어원처럼 강렬한 열정은 초인적인 힘을 발휘하는 원동력이다.

누구나 어릴 적에는 꿈이 있었다. 꿈을 이루기 위해 수없이 노력했지만 현실은 냉정했다. 바라던 꿈이 좌절되면 자신을 파멸의 길로 몰아세우는 경우도 종종 발생했다. 그러나 사실 꿈을 이룬 사람보다 꿈을 이루지 못한 사람이 더 많다. 냉랭한 열정과 쉽게 가라앉는 마음 때문이다. 처음에는 열정이 있더라도 지속되지 않았을 수 있다. 빛이 사라진 이 세상을 상상해 보라. 아마 지구상의 모든 생명체는 멸종되고 말 것이다. 이처럼 열정이라는 빛이 사라지는 순간 우리의 꿈도 사라져 버린다.

우리는 저마다의 빛을 소유하고 있다. 그 빛의 밝기는 사람마다 달라 누군가는 한여름의 반딧불만 할 수도 있고, 누군가는 어두운 밤바다를 비추는 등댓불만 할 수도 있다. 또한 빛의 크기는 각자 꿈의 크기에 비례한다. 그래서 꿈을 크게 가져야 하는 것이다.

세상을 비추고도 남을 만큼 큰 존재가 되어라. 거대한 빛이 되어 어려운 사람에게 등불이 된다면 이보다 더 좋은 일이 있겠는가. 어쩌면 꿈은 우리가 존재하는 이유가 되기도 한다. 또한 자신이 눈부신 존재라는 사실을 깨달아야 한다. 빛이 어둠을 삼키듯이 내면의 빛이 내면의 어둠을 삼키고 활활 타오를 수 있어야 한다. 어두운 삶의 뒤안길에서 힘들게 사는 사람들이 많다. 특히 우울증에 시달리는 사람이 많다. 우울의 원인은 여러 가지가 있지만 개인적으로 내면의 빛이 약해진 것이 가장 큰 원인이라고 생각한다.

나 역시 오랜 시간 동안 우울증으로 전쟁 같은 삶을 살았다. 영문도 모른 채 우울에 시달렸다. 그러던 어느 날 문득 깨달았다. 내면의 빛은 태양처럼 항상 나를 향해 있었지만 내가 항상 뒤돌아서 있었기 때문에 어두운 길을 계속 걸어올 수밖에 없었던 것은 아닐까? 그 빛은 우주로부터, 신으로부터, 나 자신의 내면으로부터 나오고 있었다. 어디서 나오든지 상관없다. 중요한 사실은 그 빛은 항상 나를 향해 있었다.

02

도전하는 삶을 살아라

· 오디세우스의 담대함 ·

'사람은 추억을 먹고 산다'는 말이 있다. 추억은 애써 노력하지 않아도 눈 내리듯 쌓인다. 삶의 모든 흔적이 추억으로 고스란히 남는다. 좋은 기억뿐 아니라 좋지 않은 기억까지도 추억이 된다.

어느 날 문득 지나간 추억을 곱씹는 나 자신을 발견했다. 시간이 지날수록 기억은 사라지지 않고 더욱 선명해졌다. 가끔은 과거에 있었던 일들을 지나치게 미화하거나 비하하기도 했고 때로는 지난날에 집착하다가 며칠 동안 아무것도 못한 적도 있었다.

모든 것은 변한다. 만약 변하지 않는 것이 있다면 '세상은 변한다'는 사실뿐이다. 계절이 바뀌듯 세상도 변한다. 그러나 성공한 사람은 성공의 달콤함을 맛보느라, 실패한 사람은 실패의 쓴맛을 맛보느라 삶의 시계가 그대로 멈추어 있다. 인간은 유독 변화를 두려워하고 현재에 안주하려는 경향이 있다. 안전한 삶을 추구할 것인가? 위험이 따르더라도 도전하는 삶을 살 것인가? 오디세우스도 같은 고민을 했다.

트로이 전쟁의 영웅 오디세우스는 목마를 만들어 전쟁을 승리로 이끈 인물이다. 호메로스는 고대 그리스의 작가이자 시인이다. 저서로 《일리아스》와 《오뒷세이아》가 있다. 기원전 800년경에 쓰인 이 두 서사시는 서양 문학 역사상 가장 오래된 작품이다. 두 이야기는 트로이 전쟁을 중심으로 사건이 전개된다. 《오뒷세이아》는 《일리아스》의 속편으로 오디세우스가 트로이 전쟁이 끝난 후 고향으로 돌아가기까지 10년의 여정을 기록한 책이다.

편안한 삶과 결별하라

오디세우스는 전쟁을 끝내고 집으로 돌아가는 길에 외눈박이 거인 폴리페모스의 눈을 찌르고 도망가다가 신의 저주를 받는다. 폴리페모스는 바다의 신 포세이돈의 아들이자 외눈박이 거인족

키클롭스 중 하나였다. 키클롭스 중에서도 가장 야만적이고 무시무시한 식인 거인이었다.

오디세우스 일행은 우연히 폴리페모스가 사는 섬에 닻을 내렸다. 오디세우스는 열두 명의 부하와 섬을 둘러보았다. 그들은 혹시 몰라 아주 잘 익은 독한 포도주를 가죽에 가득 채워 함께 가지고 갔다. 그러다 동굴 하나를 발견했다. 그 안에는 아무도 없었지만 양과 염소가 있었고 선반에 치즈와 우유가 가득 채워져 있었다. 그들은 동굴 주인을 기다리며 음식을 배부르게 먹어 치웠다.

저녁이 되자 동굴의 주인인 폴리페모스가 돌아왔다. 그는 양 떼를 동굴에 몰아넣은 뒤 입구를 거대한 바위로 막았다. 그리고 동굴 안에서 오디세우스의 부하 두 명을 발견하고 잡아먹었다.

오디세우스는 잠든 폴리페모스를 죽일 수 있었지만 참아야만 했다. 잘못하면 영원히 동굴에 갇혀 죽을 수도 있기 때문이다. 오디세우스 일행은 거대한 바위를 움직일 힘이 없었다. 생각 끝에 오디세우스는 폴리페모스에게 그들이 가져온 아주 독하고 맛있는 포도주를 주었다. 그리고 그가 만취할 동안 기다렸다. 폴리페모스가 술에 취하자 오디세우스는 달콤한 목소리로 이렇게 말했다.

"퀴클롭스, 그대는 내 유명한 이름을 물었던가요? 그대에게 내 이름을 말할 테니 그대로 약속대로 내게 접대 선물을 주시오. 내 이름은 '아무도아니(우티스)'요. 사람들은 나를 '아무도아니'라고 부르지요. 어머니도 아버지도 그리고 다른 전우들도 모두."

호메로스, 《오뒷세이아》

결국 폴리페모스는 곯아떨어졌다. 오디세우스는 끝이 뾰족한 나무를 불에 달궈 두었다가 폴리페모스의 눈에 찔러 넣었다. 외눈박이 폴리페모스는 장님이 되었다.

피투성이가 된 눈에서 나무를 뽑은 폴리페모스는 고통에 잠겨 비명을 질렀다. 그 소리를 듣고 주변에 있던 키클롭스들이 폴리페모스를 찾아왔다. 그리고 이렇게 물었다.

"폴뤼페모스! 무엇이 그대를 그토록 괴롭혔기에 그대는 신성한 밤에 이렇게 고함을 지르며 우리를 잠 못 들게 한단 말이오? 설마 어떤 인간이 그대의 뜻을 거슬러 작은 가축들을 몰고 가는 건 아니겠지요? 설마 누가 꾀나 힘으로 그대를 죽이려는 건 아니겠지요?"

힘센 폴뤼페모스가 동굴 안에서 그들을 향해 말했소.

"오오, 친구들이여! 힘이 아니라 꾀로써 나를 죽이려는 자는 '아무도아니'요."

호메로스, 《오뒷세이아》

이 말을 듣고 키클롭스들은 그가 헛소리를 한다고 생각하여 되돌아갔다. 그렇게 오디세우스 일행은 극적으로 동굴에서 탈출할 수 있었다. 하지만 이 일로 폴리페모스의 아버지인 포세이돈의 분노를 샀다. 그리하여 오디세우스는 집으로 돌아가는 길이 더욱 험난할 수밖에 없었다. 결국 오디세우스는 10년간의 전쟁을 마치고 또다시 10년 동안 바다를 떠돌아야 했다.

그는 항해 도중 폭풍우에 시달리다가 항로를 벗어나 길을 잃고 헤맸다. 이리저리 떠돌아다니며 수도 없이 많은 고비를 넘겼다. 그러다가 오디세우스는 바다의 님프 칼립소가 살고 있는 섬에 도착했다. 칼립소는 오디세우스를 보고 사랑에 빠졌다.

오디세우스가 섬에 머문 지 7년이 다 되어 갔다. 그는 7년 전의 난파로 모든 선원을 잃었다. 배도 산산조각이 났다. 그의 삶은 고난 그 자체였다. 굶주림, 불길한 징조, 계속되는 저주, 폭풍우, 천둥, 번개, 괴물 등은 그의 삶을 더욱 고통스럽게 만들었다. 7년 동안 그가 버틸 수 있었던 유일한 이유는 그를 향한 칼립소의 진실한 사랑이 있었기 때문이었다. 하지만 그의 두 눈에서는 눈물이 마를 날이 없었다. 집으로 돌아가지 못하는 현실 때문에 깊은 슬픔에 잠겼다.

오디세우스를 사랑한 칼립소는 그와 영원히 함께 살고 싶었다. 호메로스는 《오뒷세이아》에서 칼립소의 심정을 이렇게 표현했다.

〈오디세우스와 칼립소(Odysseus and Calypso)〉, 아르놀트 뵈클린, 1883년.

지금의 안전하기만 한 삶이
진정 내가 원하는 삶이라고 할 수 있는가?

오디세우스를 사랑하는 바다의 요정 칼립소는 그가 불사영생의 몸이 되어 영원히 자기 옆에 있기를 바랐다. 하지만 오디세우스는 가족을 그리워하며 고국으로 돌아가고자 한다.

"그대는 정말로 지금 당장 이대로 고향으로 돌아가기를 원하나요? 그러나 만약 그대가 고향 땅을 밟기 전에 얼마나 많은 고난을 겪어야 할 운명인지를 알고 있나요? 차라리 이곳에 나와 함께 머물며 암브로시아와 넥타르를 마시고 불사의 몸이 되는 건 어때요?"

원하는 곳으로 갈 수 없다는 자유를 제외하면 영생의 몸이 되어 아름다운 여신과 함께 사는 삶도 나쁘지 않았다. 모든 것을 소유할 수 있으니 말이다. 하지만 오디세우스는 왜 영원한 삶을 마다하고 고향으로 돌아가기를 그토록 원했을까? 일편단심으로 자신만을 바라보는 칼립소의 아름다운 사랑을 뒤로하고 떠나려고 한 이유는 무엇일까?

어떻게 자기 자신을 재창조할 것인가

마흔이 되었을 때 인생을 되돌아보았다. 나를 위하여 살았던 흔적을 도무지 찾을 수 없어 너무나 후회되었다. 동시에 나를 위해 살기에는 이제 너무 늦었다는 불안감이 엄습했다. 그저 돈을 벌기 위해 밤낮으로 일만 했다. 돈만 있으면 인생 최대의 기쁨과 만족을 느낄 수 있을 거라고 생각했지만 착각이었다. 대부분이 인생의 많은 시간을 일하면서 보내지만 그중 일하면서 행복을 느끼는 사람은 정말 드문 것 같다.

마흔의 삶은 힘들고 괴로운 사건들로 가득하다. 고통과 아픔, 실직, 이별, 갑작스러운 상황의 변화 등 많은 시련이 들이닥치는 때다. 나는 오디세우스의 항해가 마흔의 인생과 비슷하다고 생각했다. 그가 바다의 풍랑 속에서 목적을 잃은 채 떠돌듯이 마흔도 인생이라는 바다 위를 방랑한다. 우리도 오디세우스처럼 시련이라는 폭풍우에서 벗어나야 한다.

익숙한 삶과 결별하라

이를 위한 가장 좋은 방법은 과거와 결별하는 것, 즉 과거의 나와 다른 사람이 되는 것이다. '생각이 현실이 된다'는 말이 있듯이 현재의 나는 과거에 내가 했던 생각의 결과물이다. 따라서 지금 현재의 모습을 바꾸어야 자신이 원하는 미래를 맞이할 수 있다. 마흔은 익숙한 삶과 결별해야 하는 나이이다. 마흔은 인생에서 새로움을 맞이하는 변환기다.

하지만 익숙함과 결별하는 일은 우리를 불안하게 만든다. 변화가 생기면 미래를 예측하기 어려워지기에 혼란스럽고 두려워진다. 그러나 신화 속 영웅 오디세우스는 현재에 안주하지 않았고 미래에 마주할 고난도 두려워하지 않았다.

칼립소를 떠나며 오디세우스는 이렇게 말했다.

"설혹 신들이 또다시 바다 위에서 나를 난파시킨다 하더라도 나는 가슴속에 고통을 참는 마음을 갖고 있기에 참을 것이오. 나는 이미 전쟁터에서 많은 것을 겪었고 많은 고생을 했소. 그러니 과거의 고난들에 이번 고난이 추가될 테면 되라지요."

호메로스, 《오뒷세이아》

시련은 변화의 계기가 된다. 또 변화는 다른 나를 창조할 기회이면서 나를 성장시키는 힘으로 작용한다. 현재의 모습과 다른 모습으로 자신을 빚어내는 데 능숙해져야 한다. 자기 자신을 창조하는 예술가가 되어야 한다. 변화를 통해 자기 자신을 재창조해 보면 어떨까?

자신을 퍼스널 브랜딩하라

자신을 재창조하는 가장 좋은 방법은 '퍼스널 브랜딩'이다. 퍼스널 브랜딩은 자기 자신을 브랜드화하여 특정 분야에서 자신만의 이미지를 확립하는 일이다. 타인이 아닌 스스로가 자신의 이미지를 만든다는 점에서 새로운 정체성을 발견하고 자신을 재창조할 기회를 얻기 좋다.

퍼스널 브랜딩을 하는 방법 중에는 1인 미디어를 활용하여 잠재 고객과 소통하는 방법이 있다. 예를 들어 SNS 채널을 통해 상품을 마케팅할 수 있고 유튜브를 활용하여 직접 자신의 콘텐츠를 만들 수 있다. 혹은 특정 분야의 컨설턴트 혹은 강사가 되는 방법과 책을 출간함으로써 전문 작가로 등단하는 방법도 있다.

독일의 철학자 프리드리히 니체는《인간적인 너무나 인간적인 I》에서 이렇게 말했다.

"책은 자신의 독자를 찾아 나서고 삶에 불을 붙이며, 기쁘게 하고, 놀라게 하여, 새 작품을 만들어 내고, 계획과 행동을 가진 영혼이 된다…. 간단히 말해서 그 책은 정신과 영혼이 갖추어진 존재처럼 살지만, 그럼에도 불구하고 인간은 아니다…. 노인이 되었을 때, 자신의 내부에서 생명을 낳고 힘을 돋우며 고양하고 계몽시키는 사상과 감정이 모두 자신의 책 속에 존속하고 있다는 사실과 자신은 다만 꺼져가는 재를 의미할 뿐이지만, 불은 도처에서 되살아나 지속된다는 것을 말할 수 있는 작가는 가장 행복한 제비를 뽑은 것이다."

니체의 말처럼 누군가 책을 읽고 삶이 변화되어 더욱 멋지게 살게 된다면 작가에게 그보다 더 가치 있는 일은 없을 것이다. "호랑이는 죽어서 가죽을 남기고 사람은 죽어서 이름을 남긴다"라는 속담이 있듯이 사람이라면 누구나 죽지만 글로 남긴 생각과 신념은 죽지 않고 영원히 산다.

마흔은 모든 것을 걸고 변화에 도전하는 시기다. 하지만 변화는 말처럼 쉽지 않다. 변하지 않아도 되는 수많은 이유가 있기 때문이다. 수많은 이유를 뚫고 나아갈 수만 있다면 변화는 한층 더 쉽게 다가올 수 있을 텐데 말이다.

아름다운 칼립소도 과거와의 결별을 다짐하듯이 오디세우스에게 말한다.

"그대는 이제 이곳에서 슬퍼하며 세월을 낭비하지 마세요. 내가 이제 그대를 기꺼이 보내드릴게요."

03

고통의 의미를 깨달아라

· 세이렌과 역경 ·

"나는 이제 끝장이야", "아무리 노력해도 안 되잖아" 혹은 "되는 일이 하나도 없어"라고 말하는 사람들이 주위에 너무 많다. 이들은 자신에게 닥친 시련을 극복하려 애쓰기보다 "왜 하필 나야?" 하고 불만을 터뜨린다. 이들은 결국 원망하고 불평하는 일에 몰두하다가 불행의 늪으로 더욱 깊이 빠져든다.

고난이 닥쳤을 때 한숨 쉬고 원망만 할 것인가 아니면 적극적으로 나서서 어려움을 극복할 것인가. 당연히 후자를 선택해야 한다. 누구나 인생이 평탄하기를 바라지만 시련과 고통은 피할 수 없다. 게다가 인간은 시련 없이 잘 살 수 없는 존재다. 시련과 어려움은 분명 삶을 어렵게 하지만 인생의 참뜻을 발견하게 하고 자신을 되돌아보는 계기를 만들어 주기 때문이다.

누구의 삶이든, 어떤 삶이든 온전해지려면 시련이 필요하다. 시련을 극복하는 일은 나를 완성해 가는 하나의 과정이다. 나를 완성한다는 일은 무슨 의미일까?

'나를 완성한다'는 말은 '완전한 인간이 된다'는 의미다. 우리는 신이 될 수 없지만 신을 닮아 가는 과정 속에 있어야 한다. 즉 이 세상에서 가장 훌륭한 나 자신이 되어 가야 한다. 어릴 적에 부모님과 선생님께서 장차 훌륭한 사람이 되어야 한다는 말씀을 자주 하셨다. 지금 생각해 보니 훌륭한 사람이 되는 일은 나 자신을 완성하는 일 같다. 시련과 고통 앞에 무릎을 꿇고 평생 죽은 사람처럼 살 수 없다. 어려움을 극복하고 진정한 나로 거듭나야 한다.

시련으로
영웅의 삶을 완성하라

오디세우스가 겪은 수많은 시련 중에서 가장 기억 남는 일화는 세이렌 섬을 지나는 모험이다. 세이렌은 바다의 요정인데 세이렌들의 매혹적인 노래를 듣는 사람은 누구나 노래에 취해 바다로 뛰어들어 목숨을 잃었다.

아이아이에 섬에서 만난 마녀 키르케가 오디세우스에게 세이렌들의 섬을 무사히 통과하는 방법을 알려 주었다. 배가 세이렌들의 섬을 지나기 전에 선원들의 귀를 밀랍으로 단단히 틀어막으라는 것이었다. 오디세우스는 키르케가 조언한 그대로 부하들의 귀를 밀랍으로 막았다. 하지만 오디세우스는 세이렌들의 노랫소리를 직접 듣고 싶었다. 그래서 귀를 막지 않는 대신 자신을 돛대에 단단히 묶으라고 명령했다.

"그녀는 먼저 우리더러 놀라운 세이렌 자매의 목소리와 그들의 꽃이 핀 풀밭을 피하라고 명령했소. 그리고 그녀는 오직 나만이 그들의 목소리를 들으라고 했소. 그러니 그대들은 돛대를 고정하는 나무통에 똑바로 선 채 그 자리에서 꼼짝하지 못하도록 나를 고통스런 밧줄로 묶되 돛대에다 밧줄의 끄트머리들을 매시오. 그리고 내가 그대들에게 풀어달라고 애원하거나 명령하거든 그때는 그대들이 더 많은 밧줄로 나를 꽁꽁 묶으시오."

오비디우스, 《변신이야기》

세이렌 섬이 가까워지자 세이렌들의 매력적인 노랫소리가 들려왔다. 달콤한 노래를 듣고 오디세우스는 자신을 풀어 달라며 몸부림을 쳤지만 부하들은 그를 밧줄로 더 단단하게 묶었다.

오디세우스가 들었던 세이렌의 노래는 어떤 내용이었을까? 가사가 얼마나 아름다웠기에 유혹을 뿌리치지 못하고 바닷속으로 뛰어들었을까? 오비디우스는《변신이야기》에서 이렇게 말한다.

"자! 이리 오세요, 칭찬이 자자한 오뒷세우스여, 아카이오이족의 위대한 영광이여! 이곳에 배를 세우고 우리 두 자매의 목소리를 듣도록 하세요. 우리 입에서 나오는 감미롭게 울리는 목소리를 듣기 전에 검은 배를 타고 이 옆을 지나간 사람은 아직 아무도 없어요. 그 사람은 즐긴 다음 더 유식해져서 돌아가지요. 우리는 넓은 트로이아에서 아르고스인들과 트로이아인들이 신들의 뜻에 따라 겪었던 모든 고통을 다 알고 있으며 풍요한 대지 위에서 일어나는 일은 무엇이든 다 알고 있으니까요."

흰색과 초록색으로 구성된 스타벅스의 로고가 바로 세이렌이다. 노래를 들려주며 사람을 유혹했던 세이렌처럼 커피로 사람들을 유혹해 스타벅스에 자주 방문하게 만들겠다는 의미라고 한다.

유혹이 주는 시련을 극복하는 방법

세이렌의 노랫소리를 들었다면 아마 우리도 매혹되었을지 모르

〈오디세우스와 세이렌(Ulysses and the Sirens)〉, 허버트 제임스 드레이퍼, 1909년.

시련을 실패의 원인으로 남겨 둘 것인가,
성장의 발판으로 삼을 것인가?

세이렌은 지혜와 영혼의 활기를 주겠다며 낭랑한 노랫소리로 유혹한다. 미래에 일어날 모든 일을 알려 주겠다는 것이다. 돛대에 묶인 오디세우스가 세이렌들의 매력적인 노래를 듣고 몸부림치자 부하가 밧줄을 더욱 단단히 잡아당긴다.

겠다. 이 세상의 모든 시련을 극복할 방법을 알려 준다고 유혹했으니 말이다. 마흔에 이르자 시련 앞에서 그만 포기하고 싶어지는 마음이 더 강해진다. 아무래도 20, 30대보다 육체적, 정신적으로 몸과 마음이 아무래도 약해지기 때문이다. 그럼에도 시련이 닥쳤을 때 극복하기 위한 몇 가지 방법이 있다.

항상 긍정적인 마음을 유지하라

극복하지 못할 시련은 없다. 시련을 대처할 때 가장 중요한 것은 시련을 마주하는 마음의 자세다. 긍정적인 사람은 끊임없는 자기 암시로 부정적인 사고와 가치관에서 벗어나려 노력한다. 긍정적인 사람은 자유로운 영혼의 소유자이다. 시련이 와도 근심, 걱정, 두려움의 속박과 굴레에서 벗어나 자유를 누리려고 노력한다. 긍적적인 마인드는 행복을 완성시켜 준다.

반면에 부정적인 사람은 시련을 마주할 때마다 절망에 빠진다. 그리고 온종일 원망하고 불평한다. 불행의 악순환이 계속될 뿐이다.

강한 의지와 인내심이 필요하다

아무리 사소한 시련이라도 강한 의지로 직접 부딪치고 해결하는 연습을 해야 하다. 그래야 큰 시련이 와도 헤쳐 나갈 수 있다.

그래서 스토아 철학자이자 로마 제국의 황제였던 마르쿠스 아우렐리우스는 《명상록》에서 "참을 수 없는 고통은 우리를 죽음으로 내몰지만, 일정한 수준에서 만성적으로 지속되는 경우에는 참을 수 있다"라고 말한다. 삶이 고통의 연속이더라도 강한 의지로 고통을 차단하고 평정심을 유지한다면 더 이상 고통으로 해를 입지 않을 것이다. 반면에 의지가 약한 사람은 시련과 역경이 닥치면 쉽게 포기해 버린다. 그런 사람들은 인내심을 키워야 한다.

원망할 시간에 감사하라

감사하는 마음을 갖는 것은 고통에서 벗어날 수 있는 지름길이다. 또 불행한 나로부터 탈출할 수 있는 통로가 된다. 원망할 시간에 감사할 일을 돌아보라. 계속해서 감사할 일이 생각날 것이다. 이를 실천하기 위한 가장 좋은 방법은 '감사 노트'를 작성하는 것이다. 꾸준히 감사하는 마음을 적다 보면 자신도 모르는 사이에 마음속에서 긍정의 힘이 샘솟는다.

책에서 길을 발견하라

자신의 한계를 뛰어넘기 위해 부단히 노력해야 한다. 독서가 가장 좋은 방법이다. 책은 인생의 시련과 고통을 헤쳐 나갈 수 있도록 길을 안내한다. 나도 시련과 역경의 시간을 보낼 때 책을 읽었다. 개인적으로 멘토를 만나서 조언을 구하기보다 책을 읽고 스스로 답을 찾아 가는 과정이 훨씬 좋았다.

감수성을 길러라

감수성이 메말라 있으면 감사할 일에도 감사할 줄 모르고, 행복해도 행복한 줄 모른다. 하지만 감수성이 풍부한 사람은 자기 앞에 놓인 난제들을 섬세하고 긍정적인 관점으로 바라본다.

마흔에 이르러 우리는 예전보다 더 큰 육체적 고통에 시달릴 뿐만 아니라 정신적 고통에도 시달리고 있다. 우리가 고통을 대하는 태도를 두 가지로 정리해 볼 수 있다. 하나는 고통을 회피하려는 태도고 다른 하나는 고통을 정면으로 응시하려는 태도다. 이 두 가지 태도의 차이는 고통을 대하는 마음가짐에서 발생한다. 만약 마흔을 평탄하게 넘긴다고 시간이 흐른 후에 삶에 공허함이 없을까? 오히려 마흔에 고통스러운 삶을 사는 편이 더 낫다. 사실 우리가 가장 불행할 때는 고통이 주는 의미를 모를 때다. 지금 겪고 있는 고통이 삶에 어떤 메시지를 주는지 알아가는 과정이 마흔에 꼭 필요하다.

마흔에 자신의 삶이 완성되기를 추구하는 사람은 시련과 고통을 두려워하지 않고 맞서 싸운다. 반면에 현실에 안주하는 사람은 시련을 피해서 도망만 다니다가 생을 마감한다. 당신은 어떤 삶을 선택하겠는가? 시련은 생각보다 별거 아니다. 정면으로 맞서서 삶을 완성하자.

04

내면의 목소리에 귀를 기울여라

· 페르세우스의 도전 ·

"당신은 지금 행복합니까?"

그리스 로마 신화에서 마지막까지 행복한 삶을 사는 영웅은 상당히 드물다. 대부분 불행한 상태로 생을 마감한다. 그러나 페르세우스는 다른 영웅들과 다르게 해피엔딩을 맞이한다. 어떻게 페르세우스는 그런 삶을 살 수 있었을까? 앞에서 이야기했듯이 페르세우스는 괴물 메두사를 죽인 영웅으로 유명하다. 페르세우스의 삶을 통해 우리는 행복이 무엇인지 다시 생각해 볼 수 있다.

열정만이
위대한 곳으로 이끈다

페르세우스는 제우스와 아름다운 다나에 사이에서 태어난 아들이었다. 페르세우스의 어머니 다나에는 아르고스의 왕 아크리시오스의 딸인데 아크리시오스는 외손자로 인해 죽게 된다는 신탁을 받은 터라 다나에가 자식을 낳을까 봐 두려웠다. 그래서 다나에를 청동으로 된 탑에 가두었지만 그녀를 마음에 두고 있던 제우스가 황금 비로 변하여 그녀를 찾아갔다. 결국 다나에는 제우스의 아이를 갖게 되었다. 그 아이가 바로 페르세우스다.

겁이 난 아크리시오스는 다나에와 그 아들을 상자에 담아 바다에 띄웠다. 상자는 세리포스 섬으로 떠내려 갔고 딕티스라는 어부에게 발견되었다. 페르세우스는 그 섬에서 성인으로 성장했다.

딕티스의 형이자 섬의 통치자였던 폴리덱테스는 다나에를 사랑했다. 다나에의 아름다움에 반해 구혼하고 싶었지만 성인이 된 페르세우스가 그녀의 곁을 지키고 있어 접근하기가 어려웠다. 폴리덱테스는 페르세우스를 제거할 방법을 생각했다. 페르세우스에게 곧 있을 자신의 결혼 선물을 가져오라고 지시했다. 젊고 자존심이 강했던 페르세우스는 모든 사람 앞에서 메두사를 죽이고 그녀의 머리를 선물로 가져오겠다고 선언했다.

그러나 그는 메두사가 어디에 사는지, 그녀를 어떻게 죽여야 하

무언가를 시작하고 실패하는 것이 아무것도 안 하는 것보다 위대하다.

아르고스의 왕 아크리시오스는 손자에게 살해당한다는 신탁을 받고 청동으로 된 탑에 딸 다나에를 가두었다. 하지만 올림포스 최고의 신 제우스가 황금 비로 변신하여 그녀를 찾아갔다. 결국 다나에는 아이를 가졌고 그 아이가 바로 페르세우스다. 페르세우스는 훗날 메두사를 물리치기 위한 모험을 떠난다.

〈다나에(Danae)〉, 구스타프 클림트, 1907년경.

는지 아무것도 알지 못했다. 사실 그는 자존심 때문에 큰소리를 치기는 했지만 깊은 절망감을 느꼈을 것이다. 그러나 페르세우스는 굴하지 않고 떠났다.

그렇게 페르세우스는 메두사를 찾아 홀로 항해를 떠났다. 궁지에 몰린 페르세우스는 절망적인 상황이었지만 포기하지 않았다. 기원전 2세기 아테네 출신 대학자 아폴로도로스가 쓴 그리스 신화에는 간절히 기도하는 페르세우스에게 헤르메스와 아테나가 도움을 주었다는 내용이 나온다. 헤르메스는 메두사를 공격할 수 있는 칼을, 아테나는 거울처럼 사용할 수 있는 청동 방패를 페르세우스에게 주었다.

메두사의 목을 베기 위해서는 날개 달린 신발과 메두사의 머리를 넣을 수 있는 마법의 자루인 키비시스, 머리에 쓰면 누구에게도 모습이 보이지 않는 하데스의 모자가 필요했다. 페르세우스는 헤르메스와 아테나의 도움을 받아 날 때부터 노파였던 포르코스의 딸들 에뉘오와 페프레도와 데이노를 찾아갔다. 그라이아이 자매들이라고 불리는 이들 셋은 눈이 하나밖에 없어서 서로 번갈아가며 눈을 돌려 썼다. 페르세우스는 그라이아이의 눈을 훔친 후 이 물건들을 갖고 있는 요정들이 어디에 사는지 알려 주면 돌려주겠다고 말했다.

긍정적인 마음을 소유한 페르세우스는 요정들을 찾아갈 수 있었고 결국 요정들에게도 선물을 받았다. 주위의 도움으로 페르세우스는 자신의 목표를 향해 나아갈 수 있었다.

뿐만 아니라 그는 항상 자신의 길이 활짝 열려 있다고 생각하며 항상 즐겁고 행복한 마음으로 그 길을 향해 나아갔다. 페르세우스는 힘든 과정 속에서도 행복을 찾는 법을 알았던 것이다. 이로써 페르세우스는 청동 방패에 비친 메두사의 머리를 베어서 자루에 담을 수 있었다.

페르세우스는 메두사의 머리를 자르고 집으로 돌아가는 길에 에티오피아에 잠시 착륙했다. 그곳에는 한 아름다운 여인이 바닷가의 해안 절벽에 쇠사슬로 묶여 있었다. 에티오피아의 공주였던 그녀의 이름은 안드로메다였다. 자신의 어머니 카시오페이아 때문에 고통을 받고 있었다.

카시오페이아는 허영심이 많은 여자였다. 자신의 미모가 뛰어나다고 생각했던 그녀는 결국 자신이 바다의 님프들보다 아름답다고 떠벌리고 다니다가 바다의 님프들에게 분노를 샀다. 님프 중에는 포세이돈의 아내도 있었다. 바다의 님프들은 포세이돈에게 카시오페이아를 혼내 달라고 요청했다.

포세이돈은 홍수를 일으키며 거대한 바다 괴물을 보내서 에티오피아 사람들을 괴롭혔다. 에티오피아의 왕 케페우스는 재앙의 원인을 알기 위해 신탁을 구했다. 그 결과 카시오페이아의 오만함이 원인이었다는 사실을 알게 되었고 안드로메다 공주를 제물로 바쳐야 한다는 사실도 듣게 되었다. 왕은 사랑하는 딸 안드로메다를 바닷가 절벽에 묶어 바다 괴물에게 제물로 바쳐야만 했다.

그런데 우연히 에티오피아에 들린 페르세우스가 안드로메다 공주를 보고 첫눈에 반해 버린 것이었다. 페르세우스는 자신이 바다 괴물을 죽여 주겠다고 왕에게 약속하며 안드로메다와의 결혼을 허락받았다.

포세이돈이 보낸 바다 괴물이 물 위로 나타났을 때 페르세우스는 칼을 뽑아 들고 괴물과 아슬아슬한 격투를 벌였다. 그리고 마지막에 괴물에게 메두사의 머리를 보여 주었다. 결국 괴물은 돌로 변했고, 페르세우스는 안드로메다를 아내로 맞이하여 자신의 고향으로 돌아갔다.

그동안 페르세우스의 어머니 다나에는 폴리덱테스의 청혼을 거절했다는 이유로 숨어 지내야만 했다. 페르세우스는 돌아와서 폴리덱테스 왕과 신하들에게 메두사의 머리를 높이 쳐들어 보여 주었다. 메두사의 머리를 본 사람들은 모두 돌로 변해 버렸다.

복수를 마친 페르세우스는 메두사를 죽이러 갈 때 받은 모든 마법의 도구를 헤르메스에게 돌려주었고 메두사의 머리는 아테나에게 가져다주었다. 그렇게 아테나는 자신의 방패 아이기스 한가운데에 메두사의 머리를 붙였다.

왕이 될 기회를 거절한 페르세우스는 가장 겸손하고 절제심이 강한 영웅이었다. 페르세우스는 자만하지 않고 허영심에 빠지지 않는 참다운 영웅의 모습을 보여 주었다. 무엇인가를 시작하고 실패하는 것이 아무것도 시작하지 않는 것보다 낫다는 말처럼 그는 실패에 대해 두려워하지 않는 강한 도전 정신을 소유한 영웅이었다. 또한 욕망에 휘둘리지 않고 행복을 지키기 위해 노력했다. 그래서 그는 다른 많은 영웅과 다르게 평안하고 아름다운 삶을 살 수 있었다.

인생의 절반,
전환점을 마주하는 시기

행복한 인생을 살기 위해서는 어떻게 해야 할까? 미국의 신화 종교학자 조지프 캠벨은 《신화의 힘》에서 대담자 빌 모이어스에게 행복에 관한 다음과 같은 두 가지 질문을 받는다.

첫 번째 질문은 "행복에 대해서 신화는 뭐라고 하고 있습니까?"다. 조지프 캠벨은 행복을 찾으려면 행복하다고 느껴지는 순간을 잘 관찰하고 그것을 기억해 두어야 한다고 말한다. 여기서 말하는 행복이란 들떠서 행복한 상태, 흥분해서 행복한 상태를 말하는 게 아니라 진짜 행복한 상태이다. 그렇다면 그가 말한 진짜 행복한 상태란 무엇일까? 조지프 캠벨은 “무엇이 나를 행복하게 하는가?”라는 질문에 대한 답을 찾아보라고 말한다. 남들이 뭐라고 하건 행복을 관찰하는 데는 약간의 자기 분석 기술이 필요하다는 것이다. 다시 말해 자신이 진정하게 하고 싶은 일을 찾는다면 더없는 행복에 이를 수 있다는 말이다. 조지프 캠벨이 말하는 진정한 행복은 바로 '블리스Bliss', 우리말로 번역하면 희열, 더없는 기쁨, 천복, 지복을 의미한다.

두 번째 질문은 “신화는 무엇이 우리를 행복하게 만든다고 말합니까?”이다. 조지프 캠벨은 아무리 신화라고 해도 우리를 행복하게 하는 것이 무엇인가에 대해서는 말하지 않는다고 한다. 단지 행복을 좇기 시작하면 어떤 일이 발생하는지, 행복을 좇는 데 장애물이 되는 것이 무엇인지를 알려 줄 뿐이라는 것이다. 그렇다면 우리가 행복을 추구할 때 가장 큰 장애물은 무엇일까?

그것은 바로 불확실한 미래에 대한 두려움과 거기에서 오는 불안감이다. 특히 마흔에 이르러 우리는 불안이라는 감정과 부대끼며 살아간다. 인생의 중반에서는 더 이상 추구할 목표가 분명하지 않기 때문이다. 치열한 경쟁에서 살아남기 위해 무작정 앞을 향해 빠르게 달릴 뿐이다. 하지만 잘못된 방향으로 나아가고 있다면 아무리 속도가 빠르다고 해도 의미가 없다. 자신이 진정으로 하고 싶은 일이 무엇인지 모르는 사람일수록 더욱 혼란스럽다. 인생의 방향성을 상실했기 때문이다.

이럴 때일수록 자신이 잘하는 것을 찾아내야 한다. 지금 하는 일이 정말 내가 하고 싶었던 일인지를 살펴봐야 한다. 좋아하는 일에 도전할 때 비로소 배우고 성장하며 행복을 느낄 수 있기 때문이다.

도전할 수 있는 길이 있다는 사실을 깨닫게 되면 당신 안에 진정한 변화가 일어날 것이다. 자신이 하고 싶은 일이 무엇인지 찾기 위해 열심히 노력해야 한다. 자신의 열정을 쏟을 수 있는 대상을 찾기 위해 내면의 소리에 귀를 기울여야 한다. 쉽게 매너리즘에 빠진다면, 인생의 전환점을 만나지 못한다면 인생의 황혼기에서조차 불행한 날을 보낼 수밖에 없다.

행복은 기쁨의 순간에만 잠깐 느끼는 감정이 아니다. 이는 행복이 무엇인지 반밖에 모르는 사람의 생각이다. 누구에게나 굴곡이 있다. 상승과 하강을 반복한다. 인생의 내리막길을 걷고 있다고 불행한 시간을 보내고 있는 것이 아니다.

자신의 열정을 따라 후회 없는 인생을 살았다면 도전하는 과정 속에서 당신은 행복했다고 말할 수 있다. 행복은 자신의 꿈을 이루었느냐에 대한 결과가 아니라 꿈을 향해 성장해 가는 과정 중에 발견할 수 있는 가치다.

미지의 세계를 향해 떠나라

· 이아손의 모험 ·

요즘 시간이 점점 빠르게 지나간다. 1분 1초도 허비하지 말아야겠다는 절박감이 들 때마다 삶의 속도가 더 빨라지는 것 같다. 그래서 좀 더 안정적인 삶을 추구하게 된다.

나뿐만 아니라 모든 인간은 정신적으로, 신체적으로 안정을 추구하게 되어 있다. 변화로 인한 두려움을 싫어한다. 그래서 자신이 진정으로 원하는 삶을 포기하고 안전한 삶을 선택한다. 하지만 안전한 삶의 길이 진정한 나의 삶의 길이라고 할 수 있는가?

내 의지와 상관없이 이 세상에 던져졌다. 그렇기 때문에 나는 언제, 어디서, 어떻게, 어떤 부모 밑에서 태어날지를 선택할 수 없었다. 인간은 모두 울면서 태어났다. 살아갈 날들이 얼마나 고통스럽고 혼란스러울지 태어날 때부터 직감적으로 느꼈기 때문일까?

안주하는 삶에서 완전한 삶으로

이아손은 아이손과 알키메데 사이에서 태어난 이올코스의 왕자다. 원래는 적법한 왕위 계승자였지만 어릴 적에 그의 아버지 아이손이 숙부에게 왕위를 빼앗겨 버렸다. 아이손은 아들의 목숨을 숙부 펠리아스로부터 보호하기 위하여 어린 이아손을 펠리온 산에 사는 켄타우로스 족의 현자 케이론에게 맡겼다. 이후 케이론의 양육을 받으며 훌륭한 청년으로 성장한 이아손은 숙부 펠리아스에게 왕위의 반환을 요구하기 위해 고국 이올코스로 떠난다. 그렇게 이아손의 선택과 상관없이 숙부에게 왕위를 반환받는 일은 이아손의 인생 과제가 되었다.

이아손은 모험적인 삶을 살아야 할 운명이었다. 어쩌면 죽을지도 모르는 위험을 감수해야만 했고 엄청난 시련과 고통에 맞서야 했다. 운명에 맞설 이아손에게 가장 필요한 것은 힘과 용기였다.

우리의 삶처럼 이아손이 처한 삶에도 스스로 선택한 것이 하나도 없었다. 이아손이 선택할 수 있는 것은 왕권을 되찾느냐 포기하느냐 둘 중 하나였다. 만약 숙부에게 왕위를 되찾는 일을 포기한다면 그는 평범한 삶을 살았을지도 모르겠다. 그러나 그는 안주하는 삶을 포기하고 숙부에게 당당히 왕위를 반환할 것을 요구했다.

이아손이 고국으로 가는 도중 헤라 여신이 이아손에게 자신을 등에 업고 강을 건너 달라고 부탁했다. 이아손은 강을 건너는 도중 급류에 그만 한쪽 신발을 잃어버리고 말았다. 헤라 여신은 이아손이 자신의 신전 안에서 사람을 죽인 펠리아스에게 복수할 수 있는 힘과 용기를 가졌는지 시험했던 것이다. 결국 이아손은 후에 헤라 여신의 신임을 얻어 위험에서 보호를 받았다.

한편 한쪽 신발만 신은 자에게 왕위를 빼앗긴다는 신탁을 받았던 펠리아스는 이아손이 이올코스의 왕궁에 나타났을 때 깜짝 놀랐다. 정말로 한쪽 신발만 신은 채 나타난 이아손이 자신에게 왕권을 양도해 달라고 요구한 것이다. 숙부 펠리아스는 왕권을 요구하는 이아손에게 조건을 걸었다. 콜키스에 있는 황금 양털을 가져오면 왕위를 돌려주겠다고 약속했다. 하지만 펠리아스의 진짜 속셈은 이아손이 위험한 모험 중에 죽게 하려는 것이었다. 이아손은 펠리아스의 속셈을 알면서도 굴하지 않았다. 오히려 위대한 모험을 한다는 생각에 가슴이 부풀었다.

이아손은 혼자서는 해결하기 어렵다고 판단해 우선 원정에 참여할 50여 명의 유명한 영웅을 모집했다. 그러자 그리스 전역에서 위대한 영웅 헤라클레스, 테세우스, 음악의 달인 오르페우스, 폴리데우케스와 카스토르, 아킬레우스의 아버지 펠레우스를 비롯해 많은 영웅이 모여들었다. 그리스 최고의 목공 아르고스가 기예의 여신 아테나의 도움을 받아 '아르고호'라는 거대한 배를 만들었고 그 배에 탄 이들을 '아르고호 원정대'라고 불렀다. 그렇게 흑해 너머 동쪽에 있는 콜키스로 향하는 위험한 항해가 시작되었다.

자신을 긍정하라

내가 마흔의 문턱을 넘으며 가장 후회했던 한 가지가 있다. 바로 20대에 안정적인 삶을 선택했다는 것이다. 분명히 새로운 세계로 나갈 기회가 있었는데 그 길을 택하지 않고 안정적으로 취업할 수 있는 길을 선택했다. 그때 당시에 망설이고 주저했던 시간이 너무나 후회스럽다.

우리는 미지의 세계를 향해 모험을 떠나야 한다. 이아손과 영웅들이 황금 양털을 찾아 콜키스를 향해 떠날 때의 모습을 상상해 보았다. 거대한 범선 아르고호를 타고 푸른 바다 위로 나서는 그들의 모습을 생각하는 것 자체만으로 너무 멋졌다. 얼마나 훌륭한 삶인가?

그런데 이아손은 모험으로 인한 불확실한 미래와 그에 따른 두려움을 어떻게 극복했을까? 이아손은 모험 중에 어려움이 닥치면 누군가에게 도움을 요청했고 어려움이 있어도 스스로 할 수 있다고 자신을 긍정했다. 정말로 희한하게 이아손의 여정에는 수많은 신과 영웅이 함께했다. 콜키스의 공주인 메데이아의 도움으로 황금 양털도 얻을 수 있었다.

그렇다면 메데이아는 어떻게 이아손을 도와주었을까?

아르고호 원정대는 그들 앞에 놓인 여러 가지 위험한 모험을 마치고 드디어 콜키스에 도착했다. 이아손은 콜키스의 왕 아이에테스에게 자신들이 누구이며 어떻게 이곳에 오게 되었는지를 말했다. 아이에테스 왕은 이아손에게 순순히 황금 양털을 내줄 수 없다며 조건을 걸었다. 청동으로 된 불을 내뿜는 황소 두 마리에게 멍에를 씌워 밭을 갈고, 용의 이빨을 씨앗처럼 땅에 뿌려 거기에서 나오는 무장한 전사들을 모조리 해치워야 황금 양털을 주겠다는 것이었다. 이아손은 배로 돌아와 영웅들과 회의를 열었지만 아무리 힘이 센 사람이라도 도저히 그 시험을 통과하기는 불가능해 보였다. 이때 뜻밖의 조력자가 나타났다. 바로 아이에테스 왕의 딸 메데이아였다.

메데이아는 강력한 마법을 부릴 줄 아는 자였다. 이 사실을 알았던 헤라 여신은 사랑의 신 에로스를 시켜 메데이아가 이아손을 사랑하게 만들도록 그녀의 가슴에 황금 화살을 쏘게 했다. 이아손을 보자 첫눈에 반한 메데이아는 그에게 온몸에 바르면 하루 동안 불과 검에도 어떠한 해를 입지 않는 마법의 약을 건네주었다.

결국 이아손은 메데이아가 알려 준 대로 약을 전신에 바르고 왕이 요구한 조건들을 해결했다. 하지만 왕은 황금 양털은 내주지 않고 오히려 그들을 죽이려고 했다. 이 사실을 눈치챈 메데이아는 이아손에게 지금 당장 황금 양털을 가지고 도주하자고 한다. 그녀는 황금 양털을 지키는 용을 잠재우고 황금 양털을 이아손에게 넘겼다. 아버지를 배신한 메데이아는 자신을 아내로 맞이하겠다는 이아손의 약속을 믿고 아르고호에 올라 이올코스로 출항한다.

미래를 정확히 알 수 없다. 하지만 헤쳐 나갈 수는 있다. 만약 지금의 삶이 힘들다면, 길이 보이지 않아서 괴롭다면, 치열한 삶 끝에 남은 것이 공허함뿐이라면 바로 떠나야 할 때다. 길을 잃을 때 진짜 모험이 시작된다.

당신은 가슴 뛰는 삶을 위하여 하루에 몇 시간을 할애하는가?

〈황금 양털을 가진 이아손(Jason with the Golden Fleece)〉, 에라스무스 쿠엘리누스 2세, 1630년.

안주하는 삶에서 벗어날 때
인생의 새로운 경치가 보인다.

이아손은 왕권을 되찾기 위해 아르고 원정대를 이끌고 황금 양털을 찾으러 콜키스로 떠난다. 그는 자신에게 반한 콜키스의 공주 메데이아의 도움으로 황금 양털을 손에 넣는 데 성공한다.

삶이 잘못된 방향으로 흘러갈까 봐 두려워하면서, 예기치 않은 변화에 불안해하면서 인생의 중반기를 보내고 있지 않은가? 이아손에게 황금 양털을 찾아 떠나는 여행은 나 자신을 찾는 여행이었다. 익숙한 삶과 결별을 고하고 새롭고 낯선 가능성의 세계로 나아가라. 마흔이야말로 모험을 시작할 때다. 지금 모험하지 않는다면 인생에 남은 가능성의 문들은 영원히 닫혀 버리고 말 것이다.

참고 문헌

- 《5가지 사랑의 언어》, 게리 채프먼 지음, 장동숙 옮김, 생명의말씀사
- 《80/20 법칙》, 리처드 코치 지음, 공병호 옮김, 21세기북스
- 《고르기아스》, 플라톤 지음, 천병희 옮김, 숲
- 《군주론》, 니콜로 마키아벨리 지음, 강정인 외 옮김, 까치
- 《그리스 로마 신화》, 토머스 불핀치 지음, 박경미 옮김, 혜원출판사
- 《그리스 신화 패러다임》, 조병준 지음, 만남
- 《그리스 신화의 이해》, 이진성 지음, 아카넷
- 《꿈이 이끄는 삶》, 조 비테일 지음, 한수영 옮김, 비즈니스맵
- 《나는 까칠하게 살기로 했다》, 양창순 지음, 다산북스
- 《나는 외롭다고 아무나 만나지 않는다》, 양창순 지음, 다산북스
- 《나는 지금 누구를 사랑하는가》, 바이런 케이티 지음, 유영일 옮김, 쌤앤파커스
- 《도덕감정론》, 애덤 스미스 지음, 박세일·민경국 옮김, 비봉출판사
- 《명상록》, 마르쿠스 아우렐리우스 지음, 천병희 옮김, 숲
- 《변신이야기》, 오비디우스 지음, 천병희 옮김, 숲
- 《변신이야기 1》, 오비디우스 지음, 이윤기 옮김, 민음사
- 《변신이야기 2》, 오비디우스 지음, 이윤기 옮김, 민음사
- 《블리스, 내 인생의 신화를 찾아서》, 조셉 캠벨 지음, 노혜숙 옮김, 아니마
- 《비극의 탄생/즐거운 지식》, 프리드리히 니체 지음, 곽복록 옮김, 동서문화사
- 《사랑 예찬》, 알랭 바디우 지음, 조재룡 옮김, 길
- 《상식으로 꼭 알아야 할 그리스 로마 신화》, 김성대 지음, 삼양미디어
- 《성어거스틴의 고백록》, 성 어거스틴 지음, 선한용 옮김, 대한기독교서회
- 《세네카의 대화》, 루키우스 안나이우스 세네카 지음, 김남우 외 옮김, 까치
- 《소크라테스의 변명》, 플라톤 지음, 황문수 옮김, 문예출판사
- 《신들의 계보》, 헤시오도스 지음, 천병희 옮김, 숲
- 《신화의 힘》, 조셉 캠벨·빌 모이어스 지음, 이윤기 옮김, 21세기북스

· 《아직도 가야 할 길》, M. 스캇 펙 지음, 최미양 옮김, 율리시즈
· 《어린 왕자》, 앙투안 드 생텍쥐페리 지음, 전성자 옮김, 문예출판사
· 《옛사람들의 세상 읽기 그리스 신화》, 강대진 지음, 미래엔아이세움
· 《오뒷세이아》, 호메로스 지음, 천병희 옮김, 숲
· 《원전으로 읽는 그리스 신화》, 아폴로도로스 지음, 천병희 옮김, 숲
· 《이유 없이 행복하라》, 마시 시모프·캐럴 클라인 지음, 안진환 옮김, 황금가지
· 《이윤기의 그리스 로마 신화》, 이윤기 지음, 웅진지식하우스
· 《인간의 대지》, 앙투안 드 생텍쥐페리 지음, 허희정 옮김, 펭귄클래식코리아
· 《인간적인 너무나 인간적인 Ⅰ》, 프리드리히 니체 지음, 김미기 옮김, 책세상
· 《인간적인 너무나 인간적인 Ⅱ》, 프리드리히 니체 지음, 김미기 옮김, 책세상
· 《인생 수업》, 엘리자베스 퀴블러 로스 지음, 류시화 옮김, 이레
· 《인생이 왜 짧은가》, 세네카 지음, 천병희 옮김, 숲
· 《일리아스》, 호메로스 지음, 천병희 옮김, 숲
· 《자유론》, 존 스튜어트 밀 지음, 박문재 옮김, 현대지성
· 《잠 못 이루는 밤을 위하여》, 칼 힐티 지음, 송영택 옮김, 문예출판사
· 《조셉 머피 잠재의식의 힘》, 조셉 머피 지음, 김미옥 옮김, 미래지식
· 《즐거운 학문 메시나에서의 전원시》, 프리드리히 니체 지음, 안성찬·홍사현 옮김, 책세상
· 《차라투스트라는 이렇게 말했다》, 프리드리히 니체 지음, 정동호 옮김, 책세상
· 《플루타르코스 영웅전 전집》, 플루타르코스 지음, 이성규 옮김, 현대지성
· 《하룻밤에 읽는 그리스 신화》, 이경덕 지음, 알에이치코리아
· 《해밀턴의 그리스 로마 신화》, 이디스 해밀턴 지음, 서미석 옮김, 현대지성
· 《행복의 정복》, 버트런트 러셀 지음, 이순희 옮김, 사회평론